KB218682

나 는

              왜

불   안   한

사   랑   을

하   는   가

나 는 왜

Song of Songs

불 안 한

사 랑 을

하 는 가

아가서에 나타난 사랑론

권요섭

뜰힘

이 책은 아가의 핵심을 정확히 이해하고 있다. 그 핵심이란 아가가 감정들의 나열이라는 사실이다. 이 말은 곧 아가에는 현대 소설과 같은 서사가 결여되어 있다는 뜻이다. 그래서 아가에서 잘 짜 맞춘 하나의 이야기를 뽑아 낸다는 것은 불가능하다. 그러나 이는 아가에 산재한 감정들 속에서 누구나 자신만의 이야기를 발견할 수 있다는 뜻이기도 하다. 자신만의 아가를 가지고 있다는 것은 참 멋진 일이다. 그리고 그 이야기는 우리가 어떤 감정 상태에 있는지에 따라 매번 다르게 쓰여진다. 이제 막 사랑을 시작했거나, 오랜 연인 혹은 배우자와 잠시 떨어져 있거나, 아니면 아프게 이별한 사람을 사무치게 그리워하거나, 어떤 마음인지에 따라 아가는 매번 다른 이야기를 우리에게 들려준다. 10년 뒤, 20년 뒤에 다시 아가를 읽게 되면 그곳에는 전에 없었던 새로운 이야기가 펼쳐질 것이다.

인간을 깊이 있게 이해하는 만큼 하나님을 알게 된다. 인간은 하나님의 형상으로 창조되었기 때문이다. 이 책은 아가에 등장하는 감정들을 깊이 있게 추적한다. 끌림과 기대, 결핍과 욕망, 불안과 두려움, 그리고 그 모든 것을 압도하는 사랑. 이 책 속에서 나의 마음을 읽을 수 있고 사랑하는 사람들의 마음을 볼 수 있다. 그 마음들을 보다 깊숙이 파고들수록 우리는 하나님의 마음을 더욱 알게 된다. 단 한 사람을 목숨 걸고 사랑해 본 사람만이 그리스도의 마음을 이해할 수 있다. 하나님의 마음, 그리스도의 마음을 알기 원하는 이들에게 이 책을 추천한다.

— 송민원 성서학자, 더바이블 프로젝트 대표

《나는 왜 불안한 사랑을 하는가》는 진정한 사랑에 관한 이야기다. 자크 라캉의 정신분석학은 어려운 개념들로 무장된 것처럼 보이지만, 그러한 장치는 인간의 자유와 진정한 소통을 지켜내기 위한 도구라고 할 수 있다. 라캉은 한 사람이 다른 사람의 노예가 되어서는 안 되며, 언제나 자신의 생각을 용기 있게 말할 수 있어야 하고, 사랑하는 사람이 그렇게 할 수 있도록 지지해 주어야 한다는 사실을 이론화한 분석가다. 권요셉은 이 책에서 라캉이 이론화한 진정한 사랑을 손에 잡힐 듯한 구체적인 이야기로 펼쳐 내고 있다. 책의 결말에 이르면, 우리는 불안을 견디는 법, 나 자신이 되는 법, 그리고 무엇보다 한 사람을 진정으로 사랑하는 법을 배울 수 있게 된다.

— 김서영 정신분석학자, 광운대학교 교수

Contents

차례

프롤로그

현대 문화에는 시詩를 난해한 장르로 여기는 편견이 있지만 문맹율이 높았던 고대 문화는 운율이 있는 시를 구전으로 전하는 데 익숙했다. 고대는 산문보다 시를 대중 친화적으로 여겼다.《아이네이스》보다 천 년 앞선 시대,《길가메쉬 서사시》보다 칠백 년 뒤에 사랑을 노래하며 사람의 아름다움을 전하는 시가 낭송되고 있었다. 이 시의 제목은 쉬르핫시림שׁיר הַשִּׁירים, 한국말로는 아가雅歌, 곧 '아름다운 노래'다. 성서에 속하며 유월절에 회당에서 낭독되던 유대교의 공식시인 아가는 필자에게 있어서 가장 아름답고 낯선 무엇을 노래한 시다. 아가를 단순히 창작된 애정시로 보는 견해도 있고 실제 사건으로 보는 견해도 있다. 어떤 견해로 보든지 아가를 읽으며 필자가 눈여겨본 것은 문장에 담긴 '감정들'이다. 아가에 담긴 사람의 복잡한 감정들은 경험이 없으면 도무지 표현할 수 없는 것들이다.

"내 신부야, 네 입술에서는 꿀 방울이 떨어지고 네 혀 밑에는 꿀과 젖이 있고 네 의복의 향기는 레바논의 향기 같구나"(4:11).

"나는 내 사랑하는 자에게 속하였도다. 그가 나를 사모하는구나"(7:10).

단지 상상만으로는 이런 은유들이 나올 수 없다. 아가에 등장하는 왕과 시골 여인은 서로를 이해할 수 없는 낯선 대상들이다. 낯선 대상을 사랑한다고 가정한 채 적절한 감정선을 상상하는 것은 불가능한 일이다. 아가가 창작된 이야기라 할지라도 최소한 저자는 시골 여인을 사랑한 경험이 있는 왕이거나, 왕을 사랑한 경험이 있는 시골 여인이다. 사랑과 불안은 낯선 대상을 만날 때 동요된다. 아가에는 여러 감정이 나타나지만 특히 사랑과 불안이 숨김없이 표현된다. 사랑과 불안은 낯선 대상을 만날 때, 혹은 익숙한 대상이 낯설게 느껴질 때 시작된다. 두 감정* 모두 결과적으로 성숙한 신뢰 관계로 들어간다 할지라도 그 시작에는 낯설음이 있다. 낯설음을 잘 다루지 못하면 사랑보다 불안이 커지고, 잘

* 사랑과 불안을 감정으로 보는 견해도 있고 정동으로 보는 견해도 있으나 이 책에서는 일반적 이해 안에서 감정이라고 기술한다.

다루면 불안보다 사랑이 커진다. 신비로운 것은 사랑이 없으면 불안이, 반대로 불안이 없으면 사랑이 병든다는 사실이다. 이 두 감정은 상호 조율을 통해 성숙해 간다.

애정과 불안*은 수치심, 우울, 분노, 질투, 시기, 외로움, 허탈함 등 여러 감정을 만들어 내는 원감정이다. 심리학자 볼비John Bowlby는 애정과 불안의 관계만 분석해도 한 사람의 신념과 감정을 이해할 수 있다고 보았고, 발달심리학자 에인스워스Mary Ainsworth는 애정과 불안을 중심으로 구성된 애착 형태에 따라서 인간관계의 방향성이 결정된다고 보았다. 정신분석가 라캉Jacques Lacan은 애정과 불안을 주체성과 정체성을 세우는 주요 정동으로 보았다. 아가에서 사랑과 불안이 유난히 많이 나타난 것은 우연이 아니다. 이 두 감정을 말하지 않고는 아가의 흐름을 이해하기 어렵다. 이 고대 시의 저자는 경험에서 나온 사랑과 불안에 대한 깊은 통찰을 가지고 있다.

아가가 아무리 아름다운 사랑 노래라 할지라도 현대인들의 사랑 이야기에는 어울리지 않을 수 있다. 왕과 시골 여인의 사랑 이야기이기 때문이다. 이 이야기에는 왕 앞에 머리

* 학문적 접근에서는 사랑을 애정 혹은 애착 등으로 표현하여 해당 학자들이 사용하는 용어를 따른다.

를 숙이는 여인들과 60명이나 되는 왕비가 등장한다. 현대인의 관점에서는 불편할 수 있는 이야기다. 그럼에도 왕과 시골 여인이 주고받는 그 마음은 현대인의 시선으로 보아도 아름답다. 당대의 문화에 대한 비판은 잠시 차치하고 두 사람의 마음과 사랑의 역동에 주목해 보길 권한다.

이 책은 아름다운 노래, 아가의 서사와 표현들을 통해 사랑과 불안을 설명하는 데 목적이 있다. 아가를 두고 왕과 시골 여인의 사랑 이야기라는 해석도 있고, 세 사람의 삼각관계라는 해석도 있다. 이 책은 왕과 시골 여인의 사랑 이야기라는 해석에 기대어 아가를 재구성했다. 또한 사랑과 불안을 더 정확하게 전달하기 위해 필자는 아가를 소설처럼 상상하고 묘사했다. 순서를 바꾸기도 하고 성경이나 역사에 드러나지 않는 에피소드를 추가하기도 했으며 아랍의 여러 설화 중 연결 가능한 아이디어들을 가져오기도 했다.

아가는 성경에 기록된 이야기 외에도 다양한 버전이 있다. 먼저 성경에 나타난 버전이 가장 유명한데, 성경 버전은 왕과 시골 여인의 사랑 이야기라는 해석과 목동과 왕과 시골 여인, 세 사람의 삼각관계라는 해석, 하나님과 하나님 백성의 사랑에 관한 은유라는 해석도 있다. 성경 외에도 신화부터 구전 민요까지 다양한 장르의 문학이 아가와 비슷한 내러티브를 가지고 있다. 마가르Al-Magar Civilization* 설화에서는 포도주를 담그는 인간 여인이 바람의 신의 사랑을 받아서 신의 궁으로 들어가는 이야기가 있다. 팔레스타인에서는 포도주를 잘 담그던 여인이 왕과 결혼하는 시가 전해진다. 에디오피아 설화에서는 솔로몬이 시바 여왕에게 보낸 사절단의 한 남자와 시바 여왕이 사랑에 빠져서 솔로몬이 시바 여왕을 솔로몬의 궁으로 불러들였다는 이야기, 솔로몬과 시바 여왕이 결혼한 이야기, 시바 여왕의 또 다른 이름이 술람미라는 이야기 등 아가의 이야기가 다양하게 변형되어 전해진다. 이슬람에서는 아가가 무함마드를 은유한다는 주장도 있고, 솔로몬의 지혜가 술람미에게서 나왔다는 주장도 있다. 이슬람 수피 시인 루미Jelalal-Din Rumi, 1207-1273는 솔로몬에게 백성을 사랑하도록 조언하는 술람미의 지혜를 노래하기도 했다.

　사랑과 불안에 관해 이야기하는 데 굳이 이 시를 고른 이유는 이만큼 사랑과 불안을 명료하게 보여 준 서사를 찾기가 어려웠고 무엇보다 아가의 서사 자체가 흥미로웠기 때문이다. 처음부터 고대 시를 통해서 사랑과 불안을 이야기하

●　　지금의 사우디아라비아

고자 했던 것은 아니다. 처음 이 책을 기획할 때는 현대 이야기를 토대로 사랑과 불안에 관해 말하려고 했다. 그러나 어떤 서사를 사용할지 논의하는 과정에서 이 고대 시가 언급되었고, 아가를 감정의 측면에서 바라보고 나서야 비로소 이 시의 가치가 신학적 함의를 뛰어넘고 있다는 사실을 알게 되었다. 이 고대 시의 사랑과 불안의 역동을 살펴본 뒤로는 사랑과 불안을 다루는 다른 서사가 필자의 눈에 들어오지 않았다.

필자는 이 시에 나타난 사랑과 불안을 분석하기 위해 라캉의 이론을 사용했다. 여타 애정 이론이 불안에 중점을 두었다면 라캉은 사랑에 중점을 두었다. 라캉은 신경증을 이해하기 위해서 사랑과 불안을 이해해야 한다고 보았다. 라캉에 의하면 모든 사랑은 신경증이다. 신경증을 일으킬 정도가 아니라면 사랑이 아니며 사랑은 필연적으로 신경증을 동반한다. 신경증은 외부에서 오는 스트레스나 내부에서의 심리적 갈등으로 인해 신경계에 문제가 생기는 현상이다. 주로 긴장과 우울, 강박과 히스테리로 그 증상이 나타나는데, 사랑의 여정에도 긴장과 우울, 강박과 히스테리적 증상들이 두서없이 등장한다. 그리고 그 증상들의 중심에는 불안이 있다. 라캉에 의하면 신경증적 현상은 낯선 것에 대한 반응이다. 긴장은 낯선 것이 익숙해지는 과정에서 나타나는 정동이고, 우울은 모든 낯선 것을 포기하는 정동이며, 강박은 낯선 것이 나타났을 때 익숙한 것을 지키고자 하는 반응이고, 히스테리는 자신을 낯설게 만드는 반응이다. 강박적 사람도 사랑을 할 때는 히스테리가 나오고, 히스테리적 사람도 사랑을 할 때는 강박이 나오기도 한다. 평안한 사람도 사랑을 할 때는 불안해지고 아무리 행복한 사람도 사랑이 떠나가면 우울해진다. 사랑은 원래 있던 것들을 재편하는 힘이 있다. 사랑을 통해 원래 있던 것을 재편하기 위해서는 불안이라는 낯설음의 감정을 극복하는 과정을 거쳐야 한다.

  그런데 군이 우리는 이렇게 힘든 사랑을 왜 하는 것일까? 사랑은 고통의 이면에 그 고통들과는 비교할 수 없는 희락이 있다. 고통을 동반한 희락. 그것이 진짜 희락의 본질이다. 라캉은 이렇게 고통을 동반한 희락을 '주이상스Jouissance'라고 불렀다. 주이상스는 수녀나 선교사들이 고통에도 불구하고 나병 환자 촌이나 아프리카 부족으로 들어가서 누리는 희락을 의미하며 죽음 앞에서도 기쁨으로 아기를 구하기 위해 몸을 던지는 어머니의 선택을 의미한다. 몸이 망가질 것이 뻔한데도 마약에 손을 대는 쾌락도 일종의 주이상스다. 고통을 겪을 것을 뻔히 알면서도 불가피하게 빠져들게 만드는 희락. 주이상스는 약속된 기쁨에 비해 희락의 정도가 크기 때문에 파멸에 대한 위험을 감지하지 못한다. 그렇기 때문에 주이상스의 결과가 파멸이라 할지라도 사람들은 멈추지 못하는 것이다.

그런 의미에서 연인의 사랑은 강력한 주이상스다. 연인의 사랑이 다른 주이상스와 특별히 다른 것은 고통이 지나고 나면 희락을 안정적으로 유지할 수 있다는 인류의 경험 때문이다. 수녀나 선교사 혹은 마약 중독자의 주이상스는 희생이나 파멸이 불가피하고 희생에 대한 대가를 약속받을 수 없지만, 연인의 사랑은 고통의 터널을 지나고 나면 안정적인 희락이 보장된다는 보편의 경험치가 쌓여 있다. 누구에게나 반드시 약속된 것은 아니지만, 불안과 미숙의 터널을 지나고 나면 상호 희락을 누릴 수 있는 인류의 보편 경험치가 분명히 있다.

불안과 미숙으로 사랑하는 게 두려운 사람이 있다면 이 책이 제시한 사랑의 과정과 원리를 익히고 다시 사랑해 보길 바란다.

1부

당연한 말이지만 사랑은 대상이 있다.
분명하고 특정한 대상이 있어야 사랑이 가능하다.
그 대상이 아니면 안 되는 그런 대상이 존재한다.
사랑에 대상이 필요한 이유는
인간의 사랑이란 받는 데 목적을 두기 때문이다.
사랑의 대상이 특정되지 않으면 사랑은 되돌아오지 않는다.
주기만 하고 받지 않는 것이 위대해 보이고,
수많은 문학 작품이 돌려받지 않는 사랑을 노래하지만,
돌려받지 않는 사랑은 신의 영역이다.
이것을 간과하면 그 사랑은 소진되고 만다.
사랑하는 자에서 시작하여
사랑받는 자로 전환하는 과정이 사랑의 여정이다.
사랑은 시작부터 상호성을 목표로 한다.
사랑은 상호 대상성을 갖는다.

사 랑 은

대 상 이

있 다

01

사랑은
결핍에서 시작된다

예루살렘 딸들아,
내가 비록 검으나 아름다우니
게달의 장막 같을지라도
솔로몬의 휘장과도 같구나(1:5).

수넴은 화려하거나 아름다운 지역이 아니었음에도 돈깨나 있다는 작자들이나 힘깨나 부린다는 높으신 양반들이 다른 곳을 여행하는 척 들리곤 했다. 수넴 지역은 여인들이 아름다운 곳이었다. 다윗 왕조차도 수넴의 여인들에게 관심을 가졌고 궁의 신하들은 수넴의 여인을 왕에게 보내기도 했다. 여인들 중에서도 자신의 아름다움을 뽐내며 외지인이 그 아름다움을 알아봐 주길 기대하는 이들이 있었다. 외지인을 따라갈 것인지 수넴에 남을 것인지를 결정하는 것은 여인들의 몫이었으나 기회를 권하는 것은 외지인들의 특권이었다. 애가 타는 이들은 수넴의 남자들이었다. 수넴의 모든 여인이 외지인을 좋아하는 것은 아니었지만 상황이 이러하다 보니 외지인들이 수넴 지역에 들어올라치면 남자들은 경계부터 하고 보았다. 그래서 수넴의 남자들은 일찍이 청혼하여 서둘러 가정을 꾸렸다.

술람미는 수넴의 여인이었지만 남자들의 애정을 받는 미모는 아니었다. 그녀는 햇빛에 그을린 피부에 농사에 능숙한 손을 가졌다. 아름다운 외모를 뽐내는 여인들 사이에서 어린 시절부터 기가 죽어 미모를 뽐내는 기술을 익히기보다 농사짓는 손을 만드는 데 시간을 들였다. 오빠들의 시중을 드는 것이 술람미의 일이었다. 술람미가 가장 잘하는 것은 포도원을 가꾸는 일이었다. 오죽 포도원을 잘 가꾸었으면 오빠들의 포도원까지 술람미가 가꾸곤 했다. 술람미의 그을린 피부는 멀리서 보면 오빠들과 분간이 가지 않았다. 그러나 여인들 사이에 있는 술람미는 유난히 눈에 띄었다. 백지에 찍힌 검은 점과 같았다.

유난히 뜨거운 어느 날, 수많은 신하를 대동하고 수넴에 나타난 귀인에 대한 소문이 마을에 빠르게 퍼졌다. 신하의 수는 그 귀인의 부와 힘을 보여 주었다. 남자들은 경계했고 여인들은 흔들렸다. 여인들은 단장을 하고 친구들과 거리를 활보했다. 굳이 귀인을 만나려고 나간 것은 아니었겠지만 귀인을 만날 수도 있다는 기대감을 감출 수는 없었다. 거리를 활보하는 여인들은 유난히 웃으며 주변을 살폈다.

얼굴이 유난히 하얀 술람미의 이웃 탈리야는 남자들의 시선을 차지하는 것을 즐겼다. 탈리야는 시내에 나타난 귀인의 이야기를 들었는지 하얀 얼굴을 더 하얗게 드러내고 집 앞을 나서고 있었다. 포도원을 가꾸러 가던 술람미는 복장부터 피부까지 탈리야와 대조되었다. 탈리야는 술람미를 마주했다가 승리감에 찬 야릇한 미소를 지으며 술람미를 지나쳐 걸어갔다.

사랑은 결핍에서 시작된다

술람미는 귀인의 소문에 관심이 없었다. 아니, 자신이 없었던 것인지도 모른다. 한껏 꾸미고 거리로 나가 봐야 화장과 장신구로 치장한 소녀들보다 주목받을 수 없을 것이라고 생각했다. 술람미가 꾸미고 길거리로 나갔을 때 벌어질 상황을 상상만으로도 충분히 알 수 있었다. 술람미가 칭찬받을 수 있는 일은 포도원 가꾸는 일이었다. 부모와 오빠들 모두 술람미에게 그 이상을 기대하지 않았다. 심지어 술람미 자신도 포도원을 가꾸는 힘과 성실 외에 스스로에게 기대하는 것이 없었다. 술람미가 있을 곳은 거리가 아닌 포도원이었다.

술람미는 손이 다치지 않게 장갑을 끼고 뜨거운 햇빛으로부터 머리를 보호하기 위해 천으로 머리를 감쌌다. 굳이 여자들은 머리를 감싸야 한다고 가르치는 어른들의 말을 듣기 위해서 한 일은 아니었다. 단지 포도원에 오래 있다 보면 머리가 뜨거워져 지끈거렸기 때문이다. 포도원에서 흙이라도 묻을까 싶어 검은 옷을 입고 걸었다. 술람미는 여자들의 옷이 거추장스러워 포도원에 일하러 갈 때면 오빠들의 옷을 꺼내 입곤 했다. 그날은 유난히 햇빛이 뜨거웠고 땀이 옷을 몸에 밀착시켰다. 밀착된 옷에 술람미의 탄탄한 몸이 드러났다. 다른 소녀들이 가진 여린 굴곡

이 아닌 단단하고 거친 굴곡이 드러났다. 흔들리지 않는
굳센 굴곡이었다. 바람 한 점 없어서 숨을 쉬기가 힘들었
다. 술람미는 거친 숨을 쉬며 포도원을 향해 서둘러 걸었
다. 일을 하고 싶었던 것이 아닌 햇빛을 피하고 싶었기 때
문이다. 술람미는 쉽지 않은 날이 될 거라며 태양을 원망
했다.

술람미가 포도원에 도착했을 때, 평소에 볼 수 없었던
군중이 포도원 앞에 있었다. 술람미는 사람들을 피해서
포도원으로 들어가려 했지만 포도원 입구로 갈수록 사람
들이 많아졌다. 앞쪽으로 갈수록 사람들은 뒷사람을 위해
서인지 머리를 숙이고 있었다.

"술람미!"

오빠의 다급한 목소리가 들렸다. 술람미가 포도원으로
황급히 뛰어들자 오빠가 다짜고짜 술람미의 어깨를 붙잡
고 거친 숨을 내뱉었다.

"포도주 어딨니?"

오빠의 어깨너머로 낯선 사람들이 보였다.

"땅에 넣어 놨지. 햇빛이 뜨거우니까."
"그러니까, 어딨냐고."

술람미는 오빠의 어깨너머에 시선을 빼앗겨서 포도주
의 위치를 묻는 오빠의 말에 대답하지 못했다. 오빠의 어
깨너머로 시선을 끄는 뜨거운 태양이 보였다. 태양이 뜨
거우면 눈을 피하기 마련인데, 그날 태양은 유난히 술람
미의 시선을 끌었다. 그 태양 아래, 낯선 사람들 사이에서
한 남자가 걸어왔다. 술람미의 시선은 태양에서 그 남자
에게로 내려갔다.

"술람미! 포도주!"

오빠는 계속 포도주의 위치를 물었지만 걸어오는 남자
가 시야에 가득해서 술람미에게는 오빠의 목소리가 들리
지 않았다. 태양도 그 남자의 뒤로 가려지고 오직 그 남자
의 모습만이 술람미의 시선에 가득했다. 가득 찬 시선만
으로도 술람미는 감당하기 어려웠는데, 그 남자의 목소리

마저 술람미를 가득 메웠다. 그 남자는 오빠의 어깨 뒤에
서서 술람미를 불렀다.

  "술람미?"

  단호하고 강하며 자연스럽게 흘러드는 저음의 소리였
다. 술람미는 그 목소리를 따라 그 남자의 얼굴을 가만히
보았다.

  '아는 사람이었나? 이렇게 건장하고 시야에 가득 들어
오는 사람을 만난 적은 없는데.'

  "내 이름도."
  "네?"

  술람미는 그 남자가 자기를 부른 줄 알고 대답했다. 그
런데 그 남자의 말을 끊은 격이 되었다.

  "같구나. 우리 이름이"
  "네?"

술람미는 또 대답했다. 대답 말고는 무어라고 하는지
도, 무어라고 해야 할지도 몰랐다.

"내 이름도 그대와 같다."
"하지만 제 이름은 여자들에게 붙이는 이름인 걸요."

술람미는 남자가 자기 이름과 같다는 말에 의아했다.

"내 이름은 남자 이름이지. 솔로몬. 평화•."

솔로몬. 흔한 이름이지만 그가 자신의 이름을 밝히자 술
람미는 그가 누구인지 알 수 있었다. 그 이름을 가진 사람
은 수도 없이 많았지만 이스라엘의 가장 고귀한 자도 그
이름을 가지고 있었다.

"저도요. 저도. 펴, 평화. 평화입니다."

•   히브리어로 평화는 샬롬(שלום)이며, 관계의 온전함을 나타내는 번역들
    중 하나다. 여성 이름으로 부를 때는 술람미(שולמית), 남성 이름으로 부
    를 때는 솔로몬(שלמה)이다. 술람미는 여인이 속한 부족 이름이라는 견
    해가 있으며, 본문에서는 소설화하여 여성 이름으로 사용했다.

그 흔한 이름을 가진 남자가 누구인지 술람미는 바로 알 수 있었다. 사람들은 그 앞에 머리를 조아리고 있었다. 군중은 뒷사람들을 위해 고개를 숙인 것이 아니라 머리를 조아리고 있었던 것이다. 그 사나운 오빠도 그 남자가 다가오자 머리를 조아렸고, 아버지조차도 머리를 조아렸다. 오직 술람미만이 머리를 들고 그 남자를 바라보았다. 머리를 조아려야 했지만 숙여지지 않았다. 그 남자가 시야에 가득 들어와서 머리를 떨구지 못하게 잡아 놓았기 때문이다.

"술람미!"

오빠가 큰 목소리로 술람미를 혼쭐내자 그제야 술람미는 정신을 차리며 머리를 조아렸다.

"왕, 왕이시지요?"

술람미는 고개를 숙이고 죽을지도 모르겠다고 생각했지만 왕은 호탕하게 웃었다.

"포도주를 내오겠습니다."

술람미는 머리를 조아린 채로 뒷걸음치며 포도주가 있는 곳으로 달렸다. 서둘러 포도주를 내왔다. 그리고 왕은 술람미가 내온 포도주를 마시며 수차례나 달다고 말했다. 감히 혼인도 하지 않은 딸이, 아버지가 손님을 만나고 있는 자리에, 그것도 지체 높은 왕을 만나고 있는 자리에 동석할 수는 없었지만, 왕은 술람미를 불러 이것저것 물었다. 그 뒤로 왕은 술람미의 포도주를 마시러 수넴에 자주 들렀다. 솔로몬 왕이 포도주를 좋아한다는 건 이미 온 나라가 아는 바였다. 솔로몬의 포도원은 예루살렘뿐 아니라 아람, 이집트, 시바를 비롯한 솔로몬의 힘이 닿는 모든 지역에 있었다. 각 공국들에 있는 포도원과 더불어 공국들의 정치 상황을 둘러보는 것이 솔로몬의 통치 방식이었다. 그런데 술람미의 포도주를 처음 맛본 뒤로 다른 지역보다 더 유난히 술람미의 포도원을 자주 방문했다.

그러던 어느 날, 왕은 술람미의 가족과 포도주를 마시다가 덤덤히 술람미의 아버지에게 술람미를 궁으로 데려가겠다고 말했다. 솔로몬의 말을 들은 가족은 술람미를 술 만드는 여인으로 데려가겠거니 여겼다. 그런데 술람미의 아버지가 '용도'를 물어보자, 왕은 사랑이라고 했다. 왕 자신 말고는 아무도 그 상황을 이해하지 못했다. 술람미의 아버지도, 오빠들도, 군중도, 술람미 자신도 이해하지 못한 상황이 그저 일어났다. 그리고 그날, 술람미는 생애 중 가장 큰 용기를 냈다.

"왕은 이미 아내가 있지 않으신가요?"

왕의 신하들과 가족을 비롯한 주변의 시선이 술람미를 쏘았다. 그러나 왕은 미소 지으며 대답했다.

"육십. 왕비가 육십이고, 후궁이 팔십이다."

그날, 술람미는 그 어느 때보다 용기가 났다. 용기라기보다 무례라는 단어가 어울릴 행동이었다. 술람미는 숨길 수 없는 불만으로 입을 삐죽거렸다. 아무에게든, 사랑을 독차지하고 싶었던 것인지, 왕의 옆에 누군가 있는 것이 싫었던 것인지, 술람미는 못마땅한 마음을 그대로 입술에 담았다. 주변 시선에 아랑곳하지 않는 삐죽이는 입술에 솔로몬은 부드러운 음성으로 말했다.

"어머니에겐 딸이 그대 하나라고 들었다."

"그렇습니다."

"어머니가 아껴 주었느냐?"

"자신처럼 아껴 주었습니다."

"내가 보아도 어머니가 그대를 귀중히 여기는구나."

"그러합니다."

"나도 그럴 것이다. 나의 비둘기, 나의 평화, 나의 완전한 자는 그대뿐이다. 그대는 나에게 티 없는 여인일 것이다. 왕비들과 후궁들이 그대를 부러워할 것이고 칭찬할 것이다. 어머니에게 그대가 하나이듯 나에게도 오직 그대뿐일 것이다."

왕의 부드러운 음성을 듣자 술람미의 마음이 조금은 풀렸다. 그러나 여전히 풀리지 않는 것들이 많았다.

"왜 저를 데려가려 하시나요?"

"그저 목을 축이러 들어왔는데 포도주는 없고 그대가 있었다. 그대가 내 목을 축였고, 그대가 나의 마음을 빼앗았다. 그대가 내 눈을 보니까."

"네? 아, 죄송합니다. 왕이시여."

아무도 왕에게 눈을 맞추지 않았지만 술람미는 자꾸만 자기도 모르게 왕의 얼굴을 자신의 시야에 가득 담았다. 술람미는 두렵고 떨렸지만 왕은 계속 부드러운 음성으로 말했다.

"그대의 눈빛에 내가 넋이 나갔다. 그대 가슴은 쌍둥이 노루같아."

"네? 아니, 어찌 그런 말씀을."

여인의 가슴을 언급하는 것은 상스러운 술집에서나 가능한 말이었지만 왕의 부드러운 음성으로 말을 하니 상스럽지 않았다. 술람미는 가슴을 가리고 얼굴을 붉혔다.

"그대 목에 걸린 구슬 목걸이도 내 마음을 빼앗는구나."

"이, 이건 그저 싸구려 목걸이일 뿐입니다. 시장에서 아무나 살 수 있는."

"그렇다면 그대의 목이 아름다운 것이겠지. 그대에게선 향기가 낫어."

"더, 더워서, 햇빛 때문에 땀이 났습니다."

"어떤 향품보다 향기롭다. 포도주보다 진하고."

"저는 이해가 되지 않습니다. 왜 저인가요?"

"내가 믿음이 안 가는 것이냐?"

"아, 아닙니다. 어찌 왕께 그런 마음을 품을까요? 저에게 믿음이 안 가는 것입니다."

"어떻게 말하면 그대가 안심이 될까? 음, 그대는 내가 갖지 못한 것을 가졌다. 60명의 왕비가 가지고 있는 것은 모두 내게 있다. 그러나 그대는 규정되지 않고, 자유롭고, 바람이 불었다. 그대는 비둘기처럼 자유로워. 그대는 내 앞에서 여전히 자유로운 모습이었으면 좋겠어."

솔로몬의 마음

솔로몬이 실제로 왜 술람미를 사랑했는지 알 수 있는 방법
은 없다. 다시 기술하지만 이 책은 역사서나 고고학 고증서
가 아니라 고대 이야기를 토대로 상상을 가미한 사랑과 불
안에 관한 심리학서다.

완전한 신적 사랑이 흘러넘쳐 시작되는 것이라면, 인간의
사랑은 자신의 결핍을 보충하기 위한 심리적 역동으로 인해
발생한다. 모든 인간의 사랑의 이면에는 결핍이 있다. 이 책
은 솔로몬이 왕으로서 제약된 삶을 살아왔기에 자유로운 여
인인 술람미를 사랑한 것으로 묘사했다. 이 설정은 상상 혹
은 해석이지만 사랑은 결핍에서 시작되기 때문에 실제로 타
당성이 있다. 사람은 자기에게 없는 것을 사랑하기도 하며
상실한 것을 사랑하기도 한다. 없는 것을 사랑하든, 상실한
것을 사랑하든, 사랑은 결핍과 관련이 있다. 모든 욕구를 충
족해 주던 어머니가 더 이상 욕구를 충족해 주지 않는 그 순

사랑은 결핍에서 시작된다

간부터 인간은 절대적 애정을 상실하고 결핍을 지닌 존재가 된다. 그렇게 인간은 사랑할 조건을 갖춘다. 결핍은 사랑의 조건이자 자격이다.

라캉은 어머니의 품을 떠난 이후에 인간이 경험하는 사랑을 아기 시절에 어머니로부터 전적으로 충족받았던 헌신의 빈자리를 채우기 위해 새로운 대상을 추구하는 것이라고 보았다. 곧, 두 살 이전의 아기 시절에 경험한 어머니는 사랑의 원형이다. 아기 시절을 지나고 유아 시절이 다가오면, 같은 어머니라도 아기 시절처럼 전적으로 욕구를 충족시켜 주지 않는다. 어머니의 젖가슴에서 이유식을 위한 숟가락으로, 기저귀에서 변기로 이동하며 아기는 어머니에 대한 상실감을 느낀다. 이는 아기에게 있어서 사랑에 대한 상실감이다. 아기는 어머니가 아기의 성장을 위해 불가피하게 이유식으로, 그리고 변기로 이동시킨다는 것을 알 리 없다. 이것이 인간이 겪는 첫 결핍이다. 어머니의 사랑의 결정이 아기의 결핍으로 이어지는 아이러니가 이유식과 변기로의 전환 과정에서 나타난다. 이처럼 사랑이 부재의 자리를 채우기 위해 작동하다 보니 사랑의 서사는 결핍을 채우는 방식으로 시작된다.

인간이 끊임없이 사랑할 대상을 찾는 이유는 결핍이 있기 때문이다. 자기 안에 결핍이 없다면 외부의 대상에 매혹되지 않는다. 이렇듯 인간은 두 살 이전의 어머니의 자리를 대체할 수 있는 사랑의 대상을 찾는다. 사랑의 대상을 찾아 헤매는 인간의 행동은 인간의 성장과 함께 불가피하게 나타난다. 그러나 이렇게 찾아 헤매는 사랑의 대상은 꼭 인간으로만 나타나는 것은 아니다. 애착 인형, 취미 생활, 자기실현으로서의 직업, 특정 물건, 종교나 정치적 활동으로 나타날 수 있다. 그러나 가장 적절하고 가깝게 채워지는 대상은 아무래도 인간이다. 그래서 어머니에서 아버지로, 혹은 형제나 친구들로 그리고 연인으로, 배우자로 나중에는 자녀로 그 대상을 채워 나간다. 그 대상이 꼭 어머니를 닮는 것도 아니다. 오히려 어머니와 반대 성향이어서 더 빠르게 그 결핍과 부재를 채우는 경우도 있다. 분명한 것은 유아기를 벗어난 모든 인간은 결핍을 가지고 있으며 그 결핍을 채우기 위해 대상을 찾는다는 사실이다.

라캉은 이렇게 어머니의 자리를 대체하는 대상을 가리켜 '대상a'라고 불렀다. 대상a에서 a는 소크라테스가 아갈마 Agalma라고 불렀던 욕망의 대상을 의미한다. 욕망은 현재에서는 성취할 수 없는 미래적 쾌락이다. 사랑의 대상은 욕망의 대상이기 때문에 현실에서 정확하게 어머니를 대체할 수 없으며 어머니를 대체하기를 욕망할 뿐이다. 어머니의 자리를 채우는 대상a는 주이상스를 발생시킨다. 주이상스란 고통을 동반하는 쾌락 혹은 고통에도 불구하고 멈출 수 없는 쾌락을 의미한다. 곧, 대상a는 어머니가 주었던 쾌락을 주기도 하지만 그와 일치하지 않음으로 말미암아 적지 않은 고통을 동반하기도 한다. 솔로몬이 술람미를 대상a로 선택한데는 자신의 결핍을 채울 수 있는 요소를 보았기 때문이겠지만 예상하지 못한 차이와 다름이 있기 때문에 예상치 못한 고통을 동반하기도 한다.

그렇다면 사랑의 대상을 추구하게 만드는 어머니의 빈자리라는 결핍은 실재*하는 것일까? 단지 가설일 뿐일까? 이 문제를 이해하기 위해 우리는 뇌에서 발생하는 기억 현상에 관해서 생각해 봐야 한다. 인간의 기억은 얼마나 보존될까? 의식화된 기억을 기준으로 한다면 인간의 기억은 한계가 있고 그리 오래가지 못한다. 수년 혹은 수일, 어느 경우는 몇 시간 만에 사라지기도 한다. 그러나 의식의 영역 너머로 흘러든 장기 기억 장치에 저장된 기억을 포함한다면 인간의

---

* 　　라캉은 실제reality와 실재the real를 구분하여 사용한다. 실제는 외면으로 보이는 확인 가능한 진실이고 실재는 확인 불가능한 내면의 진실을 포함하는 진실의 모든 것이다.

기억은 생각보다 오래간다.

인간의 기억에 대한 모델은 크게 두 가지가 있다. 첫 번째 모델은 '장기 기억 표준 모델'이다. 이는 장기 기억 장치의 용량에 한계가 없으며 고정된 시스템으로 의식화되지 않는다 해도 모두 저장된다고 보는 모델이다. 두 번째 모델은 '다중 흔적 모델'이다. 이 모델은 공간 기억 장치인 해마의 역할에 따라 소멸되는 기억이 있다고 본다. 그러나 다중 흔적 모델도 시간이 지나면 모든 기억이 자동 소멸되는 것이 아니라 해마의 재작용을 통해 소멸 여부를 판단하여 영구적으로 남겨 두는 기억이 존재한다고 본다. 두 이론 모두 중요한 기억은 영구적으로 저장된다는 데 이견이 없다.

그렇다면 어머니의 기억은 어떻게 될까? 특히 어린 아기에게 어머니는 절대적일 것이고 아기일 때의 기억이 어른이 되어서까지 의식화되지 않는다 할지라도 가장 중요한 기억이기 때문에 사라지지 않고 남아 있다고 보는 것이 합리적이다.

더군다나 인간의 뇌는 새로 들어오는 정보를 이미 가지고 있는 정보로 재해석하는 구조를 갖는다. 새로 들어오는 정보는 순수하게, 객관적으로 뇌에 입력되는 것이 아니라 이전에 가진 정보에 의해 재해석되는 방식으로 뇌에 저장된다는 의미다. 새로 들어오는 정보가 논리적이고 근거를 갖춘 것일수록 이전 정보의 영향을 적게 받고 입력되지만 아예 영향을 받지 않고, 그 자체로 입력되는 새로운 정보는 없다. 그렇다면 인간의 첫 기억은 그 이후에 들어오는 모든 정보를 재해석하고 있다고 봐야 한다.

종합해 보면, 인간의 기억의 경로는 다음 [그림 1]과 같다.

[그림 1] 기억의 경로

어머니 혹은 다른 양육자에 대한 초기 기억은 제일 먼저 기억 장치에 저장된다. 그리고 새로운 경험을 하면, 그 새로운 경험은 먼저 기억 장치에 저장된 초기 기억에 의해 해석된다. 그리고 이 해석이 기억1이 되어 기억 장치에 저장된다. 그리고 새로운 경험2를 하면 기억1은 새로운 경험2를 해석한다. 그리고 이 해석이 새로운 기억2가 된다. 즉 기억은 순수하지 않으며 이전 기억에 의해 해석된 채로 저장된다. 그렇다면 제일 먼저 저장된 초기 기억은 어떤 형태로든 그 이후의 모든 기억에 영향을 미치고 있는 셈이다.

태아 때부터 시작해서 출생 후 최소 몇 개월 동안 어머니에 대한 기억으로 가득한 것은 대체적인 사람들의 생애 과정이다. 인간은 태아와 유아기의 어머니에 대한 기억을 기초로 그 이후의 외부 정보를 해석해 왔다. 태아와 출생 직후의 어머니는 아기의 모든 것을 충족해 주는 대상이었기 때문에, 모든 욕구를 충족받아 온 아기의 전적 수용의 경험은 그 이후의 다른 대상들을 해석하는 기준이 된다. 심지어는 젖을 주지 않고 이유식을 주는 어머니와 젖을 주던 어머니도 비교 대상이 된다. 변을 치워 주던 어머니와 스스로 배변하는 것을 요구하는 어머니도 비교 대상이 된다. 라캉의 이론에서 대상을 찾아 사랑하게 만드는 어머니의 빈자리란 전적 욕구를 채워 주던 태아와 유아기 시절의 어머니를 의미한다. 어머니의 빈자리는 가상 개념이 아니라 이렇듯 뇌에 나타나는 정서적 정보의 흐름을 바탕으로 한 실재다.

종종 자신과 비슷한 습관이나 취미를 가진 대상을 사랑하게 되는 현상이 있다. 이러한 현상을 보고 사랑을 비슷한 대상에게서 발생하는 것이라고 여길 수도 있지만, 이것은 비슷한 습관과 취미를 지닌 사람을 만나기 어려운 경우에 발생하는 현상이다. 습관이나 취미가 누구에게서나 발견할 수 있는 보편적인 것이라면 습관과 취미를 공유하는 것은 사랑하기에 큰 이점이 될 수 없다. 이러한 현상 또한 결국 자기와 같은 습관과 취미를 가진 사람이 드문 것에 대한 결핍을 채우는 것으로 이해하는 것이 자연스럽다.

아무리 결핍이 있다 할지라도, 왕이 아름답지 않은 시골 여인을 사랑하는 것이 가능할까? 주변에 아름다운 여인들이 가득할 텐데 군이 시골에서 포도원 농사를 짓던 여인을 사랑할 이유가 있을까? 궁녀를 사랑한 왕의 이야기, 노예를 사랑한 공주 카시오페이아 이야기 등 외모, 신분, 재산을 뛰어넘는 사랑 이야기는 감동을 주는 드라마 속에서도, 실제 역사 속에서도 찾아볼 수 있다. 그 사랑의 이야기들의 중심에는 결핍이 있다. 재가corporate families가 배우자로 정가Political Families를 선택하고 가난한 사람이 부유한 사람을 만나고자 하는 욕망 역시 모두 결핍이 관여된 것은 아닐까? 인간은 더 좋은 것을 사랑하기보다 결핍을 채울 수 있는 것을 사랑한다. 왕에게 결핍된 것을 시골 여인이 줄 수 있다면 시골 여인은 얼마든지 왕의 사랑의 대상이 될 수 있다.

결핍을 채우는 사랑은 연인 간의 사랑에서만 나타나지 않는다. 헤르만 헤세의 소설 《수레바퀴 아래서》에서 주인공 한스는 아버지의 억압과 학교의 규칙에 철저하게 순종하는 소년이었다. 하지만 그는 이 울타리에서 벗어나고 싶은 욕망을 가지고 있었다. 그에게는 자유가 '결핍'되어 있었다. 그런데 한스의 룸메이트 하일러는 규칙을 하찮게 여기며 자유를 만끽하는 소년이었다. 한스는 낯선 하일러에게 빠져들었다. 결핍의 보충으로서의 대상을 열망하는 것은 이처럼 연인 간의 사랑뿐 아니라 우정에서도 나타난다.

사랑하게 만드는 결핍은 재산이나 자유처럼 거대한 가치나 물질적인 것들에 한정되지 않는다. 작은 손, 섬세한 성격, 단란한 가정에서의 성장 배경, 학력 등 다양하게 나타난다. 사랑하게 만드는 결핍이 무엇인지는 사람마다 다르고 자기 스스로도 의도적으로 관찰하지 않으면 간과하기 쉽다.

그런데 결핍을 채우기 위해 사랑하게 되는 대상은 자기에게 없는 것을 가지고 있기 때문에 낯설고, 이해가 안 되며, 예측할 수 없다. 그래서 사랑하게 만드는 이 동력은 다투게 만드는 동력이 되기도 하고 근심하고 불안하게 하는 원인이 되기도 한다. 그럼에도 불구하고 인간은 결핍을 채우기 위해 낯선 대상을 찾는다.

결핍은 보편적이고 일반적으로 이해할 수 없는 지극히 개인적인 견해다. 종종 정신의 결핍은 이해를 넘어선다. 필자는 사우디아라비아에서 3년을 거주한 적이 있다. 그곳에서 만난 한 친구는 쉽게 만날 수 없는 부자였다. 한 달 수입이 억대였고 1년 수입이 10억을 웃돌았다. 그러나 그는 돈에 '결핍'을 느꼈다. 그가 만나고 교류하는 사람들은 아들에게 값비싼 차를 선물하고 집에 헬기가 있으며 자전거로 집을 돌아야 하는 사람들이었다. 그는 상대적으로 자신의 재산을 부족하게 여겼다. 그에게 가장 큰 결핍은 돈이었다. 결핍은 눈에 보이는 것이 아니라 마음에서 작동하는 역동이다. 그렇기 때문에 누군가의 고유한 결핍을 메꿀 수 있는 무엇을 객관화하는 것은 쉬운 일이 아니다.

솔로몬이 술람미를 사랑하는 데 있어서 작동한 결핍이 '자유'라는 것은 보편적으로 이해할 수 없다. 그래서 구경꾼들과 술람미의 가족들뿐 아니라 술람미 자신도 솔로몬에게 계속 물을 수밖에 없었던 것이다.

"왜 저를 데려가려 하시나요?"

술람미는 솔로몬에게 자신을 왜 사랑하는지 묻는 것이 아니라 왜 데려가는지를 물을 수밖에 없었다. 사랑이 가능하지 않을 것이라고 생각했기 때문이다. 보편적 사람들은 보편적 결핍 속에 있을 것이고, 왕은 왕의 고유한 결핍이 있을 것이기 때문에 보편에서 이해하기가 어려웠을 것이다. 술람미는 왕의 결핍을 이해하기 어려웠기 때문에 왕의 사랑의 방향을 이해하기 어려웠던 것이다. 결핍이 독특할수록 사랑은 특별할 수 있다. 술람미가 솔로몬의 삶으로 들어가는 여정을 거쳐야 솔로몬의 사랑을 이해할 수 있을 것이다. 누군가의 사랑을 이해하고자 한다면 그의 삶 속으로 들어가 그의 결핍을 만나야 한다.

02

사랑은
착각이다

그가 나를 인도하여
잔칫집에 들어갔으니
그 사랑은 내 위에
깃발이로구나(2:4).

술람미는 가족과 이별을 하고 솔로몬의 궁으로 들어갔다. 수넴에서는 볼 수 없는 거대한 건축물에서 눈을 뗄 수가 없었다. 그 거대함이 좋으면서도, 그 거대함에 압도되었다. 공포인지, 불안인지, 환희인지, 흥분인지 알 수 없는 감정들이 뒤섞여 술람미의 가슴을 요동치게 했다. 술람미는 솔로몬을 맞이하기 위해 나온 길게 늘어선 경비병들이 모두 자신을 쳐다보는 것 같아서 그들과 눈을 마주치지 않으려고 시선을 피했다. 술람미의 이런 불안을 아는지 모르는지 솔로몬은 당당하고 힘차게 궁 안으로 앞서 들어갔다. 술람미는 솔로몬을 뒤따라가야 하는지, 어느 정도에서 뒤쳐져 걸어야 하는지, 옆에서 나란히 걸어야 하는지 알 수가 없어 주춤하며 허둥댔다.

솔로몬은 궁으로 들어가서 대신들과 함께 중앙에 있는 건물 앞에 섰다. 그제야 술람미의 손을 잡고 부드러운 목소리로 말했다.

"나는 해야 할 일이 있다. 대신들과 잠시 업무를 보고 너를 볼 것이니, 잠시 홀로 있거라."

솔로몬이 시중드는 여인을 부르자 그 여인은 술람미를

데리고 궁궐 안 방으로 안내했다. 술람미는 방에 혼자 남았다. 한 번도 본 적 없는 크고 아름다운 방이었지만 낯선 곳에 홀로 있으니 알 수 없는 불안이 엄습했다. 술람미는 가만히 침대에 앉아 보았다. 고급스런 침대에 앉으니 불안이 조금은 사라지는 것 같기도 했다.

'내 방인가?'

술람미는 곧 자신이 있는 방이 자기 것인지, 손님을 맞이하는 방인지 궁금해졌다. 그러자 곧 자신이 손님인지, 솔로몬의 아내인지 궁금해졌다.

'그렇다면 나는 왕비인가? 아니면 궁녀인가?'

술람미는 단지 사랑 고백을 들었을 뿐 솔로몬에게 있어서 자신이 어떤 존재인지 알지 못했다. 그저 왕비였으면 좋겠다고 생각했다. 자기가 그것을 정할 수 있는지 알 수 없었지만 솔로몬도 술람미의 어머니처럼 술람미를 유일한 사람으로 대해 주겠다고 말한 것을 생각해 냈다.

‘그래, 나는 왕비일 거야.’

　그렇게 자신이 이 궁전에서 무엇일지 생각하고 있는데
한 여자가 들어왔다. 술람미는 들어온 여자를 어떻게 대
해야 할지 선택할 수 없었다. 여전히 자기가 이 궁전에서
무엇인지 알 수 없었기 때문이다. 방으로 들어온 여자는
고급스러운 옷을 입고 있었다. 술람미도 가장 좋은 옷을
꺼내 입고 왔지만 비교할 수 없을 만큼 그 여자의 옷이 더
고급스러웠다. 술람미가 당황하고 있는 사이, 방으로 들
어온 여자는 술람미 앞에 조용히 고개를 숙였다.

‘그래, 나는 왕비일 거야.’

　고개 숙인 여자를 보고 바람은 심증이 되었다. 심증으
로는 왕비일 거라고 확신했지만 그 여자가 고개를 숙이자
술람미도 같이 고개를 숙였다.

“이쪽으로 오셔요.”

　술람미는 모든 게 낯설었다. 그 여자가 안내하는 곳을

어색하게 따라가자 욕실이 나왔다. 냇가에서나 씻던 술람미는 말로만 듣던 탕을 보고 가슴이 뛰었다. 여자는 술람미의 옷을 벗기려고 했다. 술람미는 흠칫 놀랐지만 이내 여자의 안내에 따라 옷을 벗고 탕으로 들어갔다. 차가운 물에서만 씻었던 술람미는 따뜻하게 데워진 물에 몸을 담그고 정신이 아찔해졌다.

여자는 술람미의 몸을 씻겨 주었다. 누군가로부터 씻김받은 적 없는 술람미는 목욕을 하는 동안 몸에 불편함이 번져 왔다.

"꼭 씻겨 주셔야 하나요? 내가 씻으면 그분이 싫어하실까요?"

술람미의 질문에 여자는 고개를 저었다.

"원하신다면 그렇게 하셔요."

여자의 안정적인 목소리가 친절하게 느껴졌다. 그러자 술람미는 솔로몬에 관해 묻고 싶어졌다.

"나는 무엇이지요?"

"네?"

"나를 무어라고 하던가요? 누구를 씻기라고 하던가요? 나는 궁녀일까요?"

"따로 전해 들은 바는 없습니다."

"그러면 왜 나에게 고개를 숙이고 몸을 씻겨 주시나요?"

"씻기라고 전달받았습니다."

술람미는 자신이 무엇인지 그 여자도 모른다고 생각했다. 그리고 솔로몬에 관해 물었다.

"그분은 무서우신가요?"

"아닙니다."

"그분은 친절하신가요?"

"제가 그분의 친절을 받을 만한 여자가 아니라 감히 답변을 못하겠습니다."

술람미는 여자의 대답에 흔쾌한 긍정이 담겨 있지 않다고 생각했다. 그리고 솔로몬에 관해 생각하기 시작했다.

지혜로우며 이스라엘을 부강하게 만든 왕. 60명의 왕비를 거느리고 감히 대적할 적이 없으며 백성을 노역으로 부리는 왕.

'들어오지 말아야 할 곳으로 끌려온 것은 아닐까?'

술람미는 온갖 상상으로 솔로몬을 그렸다.

'때리는 건 아닐까? 하룻밤만을 자고 쫓겨나는 것은 아닐까? 오늘 내 방에 들어와 나를 품을까? 내가 만족스럽지 않으면 내 가족도 어려움에 처하는 것은 아닐까?'

여자는 술람미의 방에 여러 옷을 두고 나갔다. 술람미는 생전 입어 본 적 없는 고급스러운 옷들을 골라서 입을 수 있었다.

'왕은 무엇을 좋아할까?'

술람미는 옷을 번갈아 입으면서 고민에 빠졌다. 선택하지 못했는데 왕이 들어올까 걱정이 되었다. 술람미는 계속 왕을 상상해야 했다. 무슨 색을 좋아하는지, 밝은 성격을 좋아하는지, 어떤 말투를 싫어하는지, 자기를 사랑하는지.

'일단 내가 좋아하는 옷을 선택하고 왕이 싫어하면 바꿔 입자.'

결국 자기가 좋아하는 옷을 입었다. 하지만 계속 신경이 쓰였다. 술람미는 가장 예뻐 보이는 옷을 입고 기다렸지만 솔로몬은 오지 않았다. 밤이 깊었고 술람미는 결국 솔로몬을 보지 못한 채 잠이 들었다.

다음 날, 날이 밝아서야 한 여자가 술람미에게 달려와 곧 솔로몬이 올 것이라고 알렸다. 술람미는 서둘러 단장을 했지만 지난밤의 긴 고민을 들인 단장만큼 예뻐 보이지 않았다. 술람미는 자신의 모습이 마음에 들지 않았지만 초조한 마음에 그 이상으로 단장하지 못했다.

"내가 어떤가요? 이상한가요?"

술람미는 소식을 전하러 온 여자에게 물어봤지만 여자

가 달리 할 수 있는 말은 없었다.

"아닙니다. 아름다우십니다."

술람미는 여자의 말이 진심인지 겉치레인지 알 수가 없었다. 술람미는 그저 침을 삼키며 솔로몬을 기다렸다. 솔로몬이 근엄하게 신하들을 대동하고 들어올 것으로 예상했지만 솔로몬은 홀로 헐레벌떡 들어왔다.

"술람미!"

술람미에게 솔로몬의 등장을 알리러 온 여자는 솔로몬을 보자 바로 바닥에 엎드렸다. 술람미도 덩달아 바닥에 엎드렸다. 술람미의 방에 들어온 솔로몬은 급히 술람미를 일으켰다.

"일정이 늦게 끝나 그대가 잠들었을까 하여 찾아오지 못했다."

"제가 버려진 줄 알았어요. 저를 데리고 온 것을 잊고, 그렇게 잊혀서 이곳에서 홀로 늙어 죽는 줄 알았어요."

"나는 그대가 내게 화가 나서 나를 떠나겠다고 할까 봐 심려되었다."

"제가 어찌 왕을 떠나나요? 당치 않습니다. 저는 왕이 데리고 왔고 왕이 없으면 어디도 가지 못하고 아무것도 못합니다. 이곳은 무섭고 저는 혼자입니다. 저는 버려지는 줄 알았습니다."

"술람미, 나의 술람미. 그대는 어찌 그런 상상을 하는가? 오늘 데려오고 오늘 버리는 사람이 있겠는가? 내가 약속했지. 어머니가 그대를 사랑한 것처럼 내가 그대를 사랑하겠다고."

술람미의 마음

왕은 술람미를 사랑하고 아껴 주겠다고 했지만 술람미는 왕이 언제든 자기를 버릴 수 있고 또 버릴 것이라고 생각했다. 왕이 무서운 자이거나 불친절한 자일 수 있다고 상상했다. 왕의 눈에 예뻐 보이지 못하고 왕을 만족시키지 못하면 자기뿐 아니라 자기 가족도 피해를 입을 것이라고 생각했다. 그러나 오히려 왕은 자기가 술람미를 기다리게 해서 술람미가 떠나갈까 봐 걱정했다.

이렇듯 사랑을 시작할 때는 과도한 심리적 에너지가 작용하기 때문에 표현되고 확인된 것 이상의 상황과 감정을 상상하고 추측한다. 초기 사랑의 대부분은 착각이다. 자기가 그동안 다른 타자들로부터 받아 왔던 것을 사랑의 대상에게도 투사하여 상상하고 착각한다. 사랑이 아닌 것을 사랑이라고 착각하기도 하며 사랑인 것을 이별의 신호라고 착각하

기도 한다. 심지어 사랑 자체가 실체 없는 착각의 산물이기
도 하다.

사랑이 착각이 되는 원리를 이해하기 위해서는 자아의 착
각성을 이해할 필요가 있다. 자아의 착각성은 정신현상학자
헤겔Georg Wilhelm Friedrich Hegel과 심리학자 찰스 쿨리Charles
Horton Cooley의 이론을 토대로 라캉이 발표한 자아 이론에
나타난다.

헤겔은 모든 인간의 고유한 속성을 '즉자'라고 불렀다. 즉
자는 타자에 의해 어떤 오염도 되지 않는 개인의 고유한 속
성이다. 그러나 즉자는 타자와 만나면서 타자에 의해 영향
받은 '대자'가 된다. 최초의 즉자의 모습을 그대로 유지하는
인간은 존재하지 않는다. 타자를 만나는 한 모든 즉자는 대
자가 된다. 그러나 대자가 된 인간은 즉자로 돌아가고 싶어
하는 심리적 운동력을 갖는다. 타자에 의해 영향받아서 불
가피하게 대자로 변했지만 자기의 고유한 속성인 즉자가 본
연의 모습이기 때문이다. 그래서 대자의 모습에서 즉자의
모습으로 어느 정도 다가가게 되는데 그렇게 형성되는 자아
를 '즉자대자'라고 부른다. 처음으로 형성된 즉자대자는 다
시 즉자2가 되고 새롭게 만나는 타자를 통해 즉자2는 대자
2가 된다. 이 대자2는 다시 즉자대자2가 되고 즉자대자2는

즉자3이 된다. 헤겔에 의하면 인간은 이렇게 **즉자-대자-즉자대자**를 반복하며 성장해 간다. 곧 인간의 본연의 모습은 타자의 영향으로 변할 수밖에 없다는 뜻이다.

[그림 2] 변증법의 과정

찰스 쿨리는 헤겔의 영향을 받아 거울 자아 이론을 만들었다. 거울 자아 이론에 의하면 인간은 스스로 고유한 자아를 유지할 수 없고 거울을 보아야만 자기의 모습을 알 수 있는 것처럼 타자의 모습을 통해서만 자아를 형성해 나갈 수 있다. 타자와의 상호 역동이 없으면 자아를 형성할 수 없다는 의미다.

라캉은 헤겔의 즉자대자 운동과 찰스 쿨리의 거울 자아 이론을 발전시켜 자아 이론을 만들었다. 라캉에 의하면 인간의 자아는 스스로 만들어질 수 없으며 타자에 의해 구성된다. 타자에 의해 구성된 자아는 과연 자신의 실재일까? 자신의 고유한 속성이 아니고 타자의 상을 통해 구성되었기 때문에 자아는 '착각'이다. 인간의 자아는 실재가 아니다. 인간의 자아는 타자의 시선 혹은 언어에 의해서 구성된다. 아무리 잘생긴 사람도 어린 시절부터 못생겼다는 말만 듣고 자란다면, 그 사람은 스스로 못생겼다고 생각하며 자란다. 아무리 못생긴 사람도 잘생겼다는 말만 듣고 자란다면 스스로 잘생겼다고 생각하며 자란다. 외모만이 아니라 감정과 성격도 비슷한 원리를 갖는다.

유전적으로 타고난 성격이 분명히 있다 할지라도 성장 과정에서의 타자들이 어떻게 반응하냐에 따라서 유전적 성향은 얼마든지 변형되고 다듬어져서 인간의 정신에 '착각'을 형성한다. 이 착각은 실재보다 인간을 더 영화롭게도 하고 실재보다 인간을 더 절망적이게도 한다. 그러니 타자에 의해 인간에게 나타나는 착각은 꼭 나쁜 것도 아니고 좋은 것도 아니다. 좋게 활용될 수도 나쁘게 활용될 수도 있다. 이 착각은 정신을 가진 인간이라면 누구나 피할 수 없이 경험하는 현상이다. 이러한 착각 현상이 인간의 자아를 형성하고 나면, 이 착각을 기준으로 의식의 틀이 형성되고 그 의식의 틀로 타자를 판단한다. 착각에 의해 형성된 이 의식틀은 분명 실재가 아니라 가상인데, 타자를 판단하는 중요한 기준이 된다. 이러한 과정을 거쳐 모든 인간은 타자를 착각(의식틀)으로 판단한다.

사랑은 자칫 타자지향적으로 보인다. 하지만 자신의 결핍을 채울 대상a를 찾아 시작된 여정이기 때문에 실체는 자기애적이다. 사랑이 착각의 산물인 이유는 사랑이 자기애적이면서 자신의 자아의식의 틀로 타자를 해석하고 그 타자에 대한 헌신의 방식으로 표현되기 때문이다. 실체는 자기애적이면서 타자에 대한 헌신의 방식으로 표현되기 때문에, 자기애와 타자에 대한 헌신이라는 두 가지 가치를 모두 담은 사랑은 죽음까지도 불사한다. 자기애적이라는 실체와 타자에 대한 헌신이라는 표현 사이에 '착각'으로 만들어진 자아의식의 틀이 매개체로 존재한다. 그래서 라캉은 "사랑은 항상 상상적 현혹captivation을 넘어 사랑받는 주체를 겨냥한다"고 말했다.

사랑이 착각으로부터 벗어나는 길은 자아의식의 틀로 만들어지는 판단을 중지하고 사태를 있는 그대로 보는 것이다. 그러나 가지고 있는 정보는 약한데 사랑을 위한 에너지는 넘치는 상황에서 사태를 있는 그대로 보고 판단을 중지하는 것은 불가능에 가까운 일이다. 사랑의 시작에 있어서 나타나는 착각과 현혹은 자기의식 속에서는 실재보다 오히려 더 합리적이다. 착각은 전체성과 통합성을 가지고 사랑을 구조화한다. 실재는 논리적이지 않을 수 있지만 착각은 자기 안에서 논리적이다. 실재는 설명할 수 없는 공백을 만들기도 하지만 착각은 모든 공백을 메워 내러티브를 구성해 낸다. 이렇듯 착각으로 구성되는 상상적 사유와 정동은 설득력 있는 논리로 평생 인간을 즐겁게 하기도 하고 괴롭히기도 한다. 인간이 만나는 타자는 늘 먼저 상상적 사유로 접근한다. 타자에 대해 알 수 있는 어떤 단서도 없다면 먼저 자기가 지니고 있었던 자아의 거울상으로 타자를 상상할 수밖에 없다. 그렇기 때문에 사랑은 자아의 거울상으로 타자를 상상하며 시작된다. 결국 사랑은 착각이며 이 착각은 실재와 괴리가 있기 때문에 불안을 만든다.

술람미는 솔로몬에 관해 알 수 있는 방법이 없었다. 그가 왕의 지위에 있다는 것과 그의 외모에 대한 정보 그리고 사람들로부터 들은 소문이 술람미가 알고 있는 전부였다. 그렇기 때문에 알고 있는 정보 외의 다른 영역을 상상할 수밖에 없었다. 술람미는 상상하지만 이를 착각이라고 여기지 않았다. 이 상상과 착각은 그저 소설을 읽을 때처럼 상상일 뿐이라고 생각하지 않고 실제로 마음과 행동에 영향을 준다. 술람미는 왕에 대해서 궁금해하는 것으로 시작하여 불안한 마음을 드러내기 시작한다. 그리고 알 수 없는 솔로몬의 취향을 상상하며 옷을 입어 보고 버려질 상황까지 예측하고 감정적으로 동요한다. 술람미의 밤은 힘들고 버거웠다. 그러나 실제로 왕은 너무 늦은 일정으로 인해 술람미를 찾아오지 못하고 아침 일찍 헐레벌떡 찾아왔다. 사랑은 착각을 유발하고 그 착각을 기반으로 사랑의 마음을 키우거나 지우지만 그 행동과 마음은 실재와 거리가 멀 때가 다분하다.

03

닮은 것과
다른 것

내 사랑하는 자는 내게 속하였고
나는 그에게 속하였도다.
그가 백합화 가운데서
양 떼를 먹이는구나(2:16).

솔로몬은 술람미를 궁의 다른 사람들에게 소개하기 전에 제사장 사독에게 데리고 갔다. 솔로몬과 사독만이 남고 모든 궁녀와 신하는 자리를 피했다. 솔로몬은 사독을 가장 신뢰하는 사람이라고 소개했다. 솔로몬과 사독은 서로에게 왕과 제사장의 예를 차리기보다 친근한 아버지와 아들의 관계처럼 보였다. 그들은 서로 격식 차린 인사도 없이 편한 곳에 앉았다. 직책은 대제사장이었으나 국정의 대부분의 결정권이 사독에게 있었다. 그도 그럴 것이 솔로몬의 선대 왕 다윗 때부터 가장 신뢰받는 제사장이자 솔로몬이 왕권을 얻을 때 가장 큰 공헌을 한 사람이 사독이었기 때문이다. 그가 솔로몬을 도와주지 않았으면 솔로몬이 왕위에 오르지 못했을 것이라는 사실은 왕가에 관심 있는 사람이면 누구나 아는 사실이었다. 술람미는 고개를 땅에 조아렸다. 사독은 당황하며 껄껄 웃어 댔다.

"여인아. 왕 앞에서는 오직 왕께만 고개를 숙이는 것이란다."

사독의 목소리는 모래알 같으면서도 빛이 났다. 사독의 말을 들은 술람미는 벌떡 일어나 고개를 들었다. 술람미를 바라보며 사독이 웃어 보이자 술람미는 그제야 사독의 얼굴을 가만히 쳐다보았다. 웃음 너머의 표정이 인자한 건지 날카로운 건지 가늠이 되지 않았다. 눈 끝은 쳐졌는데 눈썹이 짙고 눈동자는 선명했다. 입꼬리는 올라갔는데 입술은 굳건하고 단단했다.

"형제들과는 어떠한가?"

사독의 갑작스런 질문에 술람미는 어떻게 대답해야 할지 눈동자를 굴렸다. 사이가 좋다고 해야 했으나 차마 솔직하지 못한 말을 입 밖으로 낼 수 없었다. 오빠들과의 관계는 이미 왕도 알고 있는 터였다.

"오빠들은 죄다 게으르고 일할 줄을 모릅니다."

사독은 배시시 눈웃음을 치며 말했다.

"그러면 그대가 부지런하고 일할 줄을 알겠구나."
"네?"

술람미는 자기를 알아준 사독의 말에 눈물이 날 것만 같았다.

"왕하고 똑같구나."
"네?"
"그 대답하는 것도 왕하고 똑같구나."
"…."

술람미가 어떻게 대답할지 몰라 하자 사독은 다시 웃었다.

"지혜는 빠른 말에 있지 않다. 지혜는 남들과 같음에 있지 않고 혼자만 이득 보는 것에는 더더욱 있지 않다. 왕처럼 지혜롭지만 왕과 달리 자비롭구나."
"네?"
"껄껄껄."

사독과 솔로몬은 술람미의 반복되는 반응에 참지 못하고 웃어 버렸다.

"왕도 형제 사이에서 홀로 일했단다. 그대처럼. 그런데 그대처럼 자비롭지는 않았지."

술람미는 사독의 말에 솔로몬의 눈치를 슬쩍 보았지만 솔로몬은 사독의 말에 기분 나빠 하거나 부끄러워하지 않았다. 왕은 아무 말 없이 술람미를 가만히 쳐다보았다. 술람미는 솔로몬과 사독을 슬쩍 번갈아 보았다. 사독은 술람미에서 고개를 돌려 왕에게 물었다.

"제 기억으로는 왕께서 데리고 온 첫 여인인 듯싶습니다."

솔로몬은 술람미에게서 눈을 떼지 않고 대답했다.

"그렇고, 앞으로도 그럴 것이오."
"그렇다는 대답이 나올 줄은 알았는데, 앞으로도 그럴 것이라는 건 좀 의아하군요. 지키지 못할 약속을 하실 분은 아니신데."
"약속은 아니지만 그럴 것이오."
"하오면 저 여인을 왕비라도 삼으실 요량입니까?"

"왕비든 무어든, 자리가 중요할까?"

"왕비로 하시려거든 대신들의 불만이 만만하지는 않을 텐데요. 왕족도 아니고 그냥 수넴 마을의 한 여인이니까요."

"불만을 품더라도 감히 내 결정에 반대를 하겠소?"

왕의 말이 끝나자 사독은 지긋이 술람미를 바라보았다.

"들었느냐? 여인아."

"네?"

"왕은 그대처럼 자비롭지 않다. 그런고로 이 궁에 너를 반대할 이는 없다. 유일하게 반대할 수 있는 자가 있었지."

"네?"

"그게 나였는데. 그대가 왕의 자비가 되어 주면 좋겠구나."

"그렇게 하겠습니다."

"궁금한 것이 있느냐?"

술람미는 사독의 말에 기다렸다는 듯이 물었다.

"왕에게는 왕비가 육십 명이나 있는데 제가 첫 여인이라 하셨죠. 그 부분이 이상합니다."

사독은 배시시 웃으며 바로 대답하지 않고 뜸을 들였다.

"으음…. 왕은 여인을 데려온 적이 없다. 나라를 끌고 왔지. 육십의 왕비들은, 말하자면 조공이란다. 육십의 왕비가 있다는 것은 육십의 공국이 있다는 의미지. 왕에게 그녀들은 여인이 아니라 나라다. 내가 아는 바로는 그대가 왕의 첫 여인이다."

술람미는 사독의 말을 듣고 가슴이 두근거려 왕을 바라보았다. 그리고 웃음을 숨기기 위해 바로 고개를 숙였다.

술람미에 대한 사독의 마음

사독은 지혜롭고 정의로운 솔로몬과 지혜롭고 자비로운 술람미의 닮은 점과 다른 점을 통찰했다. 사랑의 관계는 이렇게 닮은 점과 다른 점을 발견하며 기뻐하고 이를 수용해 가는 과정이다. 사랑하는 관계에서 둘 사이의 닮은 점과 다른 점을 통해 형성된 정체성은 둘 이외의 보편성보다 견고해서 보편성보다 강한 정체성을 형성한다.

정체성은 사람이 자기를 이해하는 데 가장 필요한 인식이다. 정체성이 없이는 인간은 늘 불안할 수밖에 없다. 정체성은 자기를 정의하는 데 도움을 주기 때문에 불안감을 해소하는 역할을 한다. 정체성이 뚜렷한 사람은 자신의 행동 양식을 명료하게 정의할 수 있다. 반면 정체성이 약한 사람은 선택의 기로에서 유독 많은 갈등을 겪는다.

정체성은 타자와의 공통점과 차이점을 확인하면서 형성

된다. 이 세상에 한국인만 있다면 한국인이란 정체성은 만들어지지 않는다. 미국인도 존재하고 일본인도 존재하기 때문에 한국인의 정체성이 가능한 것이다. 이렇듯 정체성은 타자와의 어떤 차이를 가늠함으로써 형성된다. 그러나 타자와의 차이만으로 형성된 정체성은 온전하지 않다. 자기 외의 다른 한국인이 존재해야만 한국인으로서의 정체성이 만들어진다. 한국인이 온 세상에 오직 한 명만 있다면 한국인이라는 정체성은 중국인이나 일본인 중 어떤 독특한 예외 정도로 분류될 것이다. 다른 한국인이 있기 때문에 한국인이라는 정체성이 만들어진다.

정체성은 국적이나 종교 등의 소속에만 한정되지 않는다. 정체성은 성격, 감정, 취미 등 다양한 분야에서도 나타난다. MBTI와 같은 성격 테스트를 통해 사람들이 느끼는 것은 정체성의 확인에서 오는 안도감이다. 나와 같은 외향적 사람들이 있다는 안도감, 나와 다른 내향적 사람들이 있다는 안도감이 성격 테스트로 사람들을 몰리게 만드는 이유다.

이렇게 형성된 정체성은 보편성보다 더 강력한 힘을 발휘한다. 보편성은 정체성을 넘어 인간이 갖는 대체적 성향이다. 예를 들어 인간이라는 개념은 동물들과 비교할 때는 정체성이지만 한국인이라는 정체성과 비교할 때는 보편성이

닮은 것과 다른 것

다. 인간이라는 보편성은 한국인이라는 정체성보다 강력하기 어렵다. 그렇기 때문에 국가 간 전쟁이 벌어질 경우 한국인이 한국을 위해서 싸우는 것이 가장 안정적이다. 물론, 국가적 정체성을 넘어선 보편 가치에 의미를 두는 사람들이 없는 것은 아니다. 독일인이면서 독일의 편에 서지 않고 히틀러에 반대한 사람들도 있었고, 일본인이면서 독도가 한국의 것이라고 주장하는 사람들도 있다. 이러한 사람들은 국가적 정체성보다 더 큰 가치를 실천하는데 이러한 경우는 드물게 나타난다. 드물게 나타난 경우도 자세히 들어가면 국가적 정체성보다 더 강력한 가치적 정체성이 있는 것을 확인할 수 있다. 결국 자기 정체성이 국가적 정체성보다 가치적 정체성에 의존하기 때문에 겉으로 드러난 정체성을 뛰어넘는 것처럼 보이는 것이지, 정체성과 상관없는 선택을 할 수 있는 것은 아니다. 그래서 정체성은 연대감보다도 강력하다.

사랑하는 관계로 진입하면 사랑하는 둘만의 고유한 정체성을 형성한다. 연인 사이에서 발생하는 정체성은 개인의 정체성과 보편성을 넘어설 만큼 강력하다. 종종 사랑하는 사람 사이의 정체성을 강화하기 위해 죽음을 불사하기도 한다. 사랑하는 사이에서 발생하는 정체성이 죽음을 불사할 만큼 강력해지는 이유는 이 정체성이 자신의 결핍을 채우는 대상a로부터 기인하기 때문이다. 사랑의 정체성은 대상a에서 기인하기 때문에 자신으로부터 분리되기 어렵다.

사랑은 결핍에서 비롯하기 때문에 자기와 다른 사람에게 매료되기 쉽지만 결국 공통점을 찾고 동일시하는 과정이 없으면 그 사랑은 분열만 남을 뿐이다. 공통점을 가진 대상을 만나기가 어려운 경우, 차이보다 동일시에서 더 쉽게 매료되지만 이 경우에도 차이를 발견하지 못하면 사랑을 지속하기 어렵다. 그렇기 때문에 사랑의 관계에서 차이를 발견하고 허용하고 인정하는 과정은 공통점을 발견하고 안심하는 과정만큼이나 중요하다. 이 둘 중 어느 하나가 빠지거나 어느 하나만 고집한다면 사랑은 지속되지 않는다.

착각에서 시작한 사랑의 여정에서 두 사람은 동일시와 차별화 현상을 통해 착각에서 빠져나온다. 사랑의 대상에게 공통점만 있다면 매혹되지 않는다. 사랑의 대상에게 차이점만 있다면 분쟁이 지속된다. 솔로몬은 술람미의 이름에서 공통점을, 자유로움에서 차이점을 발견하며 사랑에 빠졌다. 그리고 사랑의 두 대상은 끊임없는 동일시와 차별화를 통해 서로 관계한다. 그렇게 닮아 가고 다름을 수용해 간다. 이렇게 닮아 가고 다름을 수용하는 과정이 사랑의 정체화 과정이다. 동일시와 차별화를 통해 형성되는 사랑의 정체화 과정은 두 사람만의 고유한 정체성을 형성한다. 사랑의 정체화는 오직 그 두 사람에게만 있는 서사다. 그 서사가 두 사람의 사랑의 정체성이다. 사랑의 정체성을 정의할 수 있는 건 오직 그 두 사람뿐이다.

이 사랑의 정체성에 객관화 혹은 보편적이라는 기준은 적용되기 어렵다. 오히려 이 사랑의 정체성이 객관과 보편을 뛰어넘는 가치가 된다. 사랑을 위해 가족이나 인류를 등지는 현상은 특별한 일이 아니다. 로미오와 줄리엣이 각자 자기 가문을 등지고 사랑을 위해 목숨을 불사하는 것은 그들이 단지 십대의 무모한 감정에 휘둘렸기 때문이 아니다. 그둘의 정체성은 가문의 정체성보다 거대해졌다. 사랑은 이렇듯 둘만의 정체성을 가장 거대한 정체성으로 만들어 가는 과정이다.

필자는 사독이 술람미로부터 이 가능성을 보았다고 설정했다. 아무리 술람미가 뛰어난 지혜자이거나 강인한 마음을 가졌다 할지라도 솔로몬과 동일시할 수 있는 부분이나 차별성을 통하여 결핍을 채워 줄 수 있는 부분이 발견되지 않는다면 둘의 미래는 긍정적으로 보기 어렵다. 아름다운 외모에 매료되는 감정만으로는 정체성을 형성하기 어렵다. 아름다운 외모는 그저 인간에게 있는 하나의 감각을 충족시키는 역할을 할 뿐이다. 그 역할이 큰 기쁨을 주는 것은 사실이지만 모든 순간을 함께하기 위한 사랑의 대상에게 필요한 충분 조건은 아니다. 경제적 능력이 생활의 안정을 가져다준다 할지라도 경제적인 것이 영향을 미치지 못하는 삶의 순간들이 더 많다. 사독은 술람미 자체의 장점이나 능력을 본 것이 아닌 솔로몬과의 관계 안에서의 술람미를 보았다. 그녀는 솔로몬과 같이 지혜롭지만 솔로몬이 갖지 못한 자비를 가졌다. 사독은 이것이 솔로몬과 술람미를 배우자로 세우는 데 적합한 조건이라고 생각했다.

술람미가 비록 작은 마을의 한 여인이라 할지라도, 술람미와 솔로몬이 함께 만든 사랑의 정체성은 공국의 왕족들이 왕비로 오는 보편적 기준을 넘어서게 하는 힘을 만든다. 그래서 사랑 앞에서는 보편성이 힘을 잃는다. 술람미와 솔로몬이 함께 만드는 둘만의 고유한 정체성은 그 무엇보다도 강력한 애착이 된다.

04

결핍을 채우기 위해
가진 것을 버린다

내 비둘기,
내 완전한 자는
하나뿐이로구나…(6:9).

술람미는 솔로몬의 안내를 받아 왕좌가 있는 홀^{hall}로 들어섰다. 대신들이 술람미를 쏘아보고 있었다. 솔로몬은 대신들에게 술람미에 관해 말한 바가 없지만, 수넴 지역에 솔로몬과 함께 갔던 신하들 중에 대신들과 선이 닿은 자들이 많아서 이미 소문이 퍼진 상황이었다. 솔로몬은 술람미를 왕좌의 바로 아랫자리에 앉혔다. 아무도 감히 말하는 자가 없었지만 대신들의 눈총이 가볍지 않다는 정도는 술람미도 알 수 있었다. 술람미는 숨이 막혔다. 그러나 이 눈총을 견뎌야 했다. 사독과의 만남이 없었다면 온갖 두려움이 올라왔을 테지만 사독과의 만남을 통해 술람미는 자신이 솔로몬에게 어떤 의미인지 확신할 수 있었다. 그래서 그 눈총들을 견딜 수 있었다.

"오늘은 대신들에게 소개할 이가 있소."

대신들의 시선이 더 뜨거워졌다. 술람미는 침을 삼켰다.

"내가 61번째 왕비를 택하였소."

왕의 말이 끝나자마자 궁내 대신 아히살이 물었다.

"어느 왕가의 분이십니까?"

아히살의 질문은 공격적이었다. 그러자 솔로몬이 가만히 아히살을 바라보았다.

"왕비가 왕가의 여인이어야 하오?"

"그동안 그리해 오지 않았습니까?"

"누가 그러했지? 선왕이신 다윗 때에 왕비가 모두 왕가의 여인들이었소?"

"아니옵니다."

"왕가의 여인을 왕비로 맞은 것은 내가 그렇게 결정했기 때문이오. 내가 택한 여인들이 왕가였던 것이지, 왕가의 여인을 왕비로 맞이하기로 결정했던 건 아니오. 이번에는 왕가가 아닌 여인을 왕비로 맞이하고 싶었소. 그것이 문제가 되오?"

"왕이시여. 그러하오나 왕께서 왕가의 여인들을 왕비로 맞이하는 결정이 이스라엘에 지대한 이익을 주고 있습니다. 각국의 왕가들이 여인들을 왕비로 보내며 스스로 공국을 자처하고 있고, 이를 영광으로 여깁니다. 그런데 수넴 마을의 한 여인이 왕비로 온다면…"

"온다면? 왜 말을 못 이어 가는 거요?"

"온다면…"

"왕비 자리의 상품 가치가 떨어진다?"

"…"

"왕비 자리를 상품으로 봤다?"

"…"

"감히, 60명의 왕비를 상품으로 보고 있었구나. 왕의 여인들을!"

솔로몬의 말에 아히살은 죽을 듯한 공포를 느꼈다.

"아니옵니다."

"무엇이 말이오?"

"왕비를 감히 상품으로 본 것이 아닙니다. 제가 판단이 느렸습니다. 왕비는 왕께서 택하시는 것입니다."

"그렇게 생각하시오?"

"네, 그러하옵니다."

"다른 대신들은 어떻게 생각하시오?"

솔로몬이 대신들을 둘러보았고 그들은 모두 머리를 숙

결핍을 채우기 위해 가진 것을 버린다

인 채 아무 말을 하지 못했다. 다만, 제사장 사붓만이 두려움 없이 솔로몬에게 물었다.

"수넴 여인을 왕비로 맞이할 때 어떤 피해가 다가올지 알고 택한 일이시지요?"

"벗이여, 내가 그대를 제사장에 앉히면서 어떤 피해를 당할지 모르고 했겠는가?"

"물론 세상 누구보다도 정확하게 알고 결정하신다고 믿고 묻는 것입니다. 다만 생각보다 피해가 더 클 수도 있겠다 싶습니다. 이건 충언입니다."

"그대는 제사장으로서 온 것이니 제사장으로서 말하라. 벗으로서는 따로 말하시게."

"예. 왕이시여."

"그래도 대답을 하자면, 이 문제로 앞선 60명의 왕비를 모두 잃고, 왕비들의 왕가들과 관계가 끊어진다 해도 이 수넴 여인은 왕비가 될 것이다. 사독 대제사장에게는 이미 말해 놨으니 사붓 제사장은 의례를 준비하고 아히살 궁내 대신은 빠른 시일 안에 왕비를 위한 처소와 궁녀들을 준비시키시오."

술람미를 위한 대가

솔로몬은 자유로워 보이는 술람미를 보고 궁 안에 갇힌 자신의 결핍을 채울 대상으로 여겼다. 그렇다면 술람미는 단순히 솔로몬의 결핍을 채워 줄 대상일 뿐인가? 그렇지 않다. 술람미는 국가적 이익과 신하들의 신뢰를 모두 상실해도 괜찮을 만큼 솔로몬에게 중요한 존재가 되었다. 작은 결핍을 채우기 위해 마음의 자리를 양보한 사랑의 대상이 자기 소유들을 포기할 수 있을 만큼 거대해진 것이다. 술람미가 솔로몬에게 이만큼 중요해지기까지 오랜 시간이 걸린 것도 아니다. 며칠 혹은 첫 만남의 순간에 이러한 변화가 생겼다. 이 이상한 현상이 이상하지 않게 여겨지는 것이 사랑이다. 사랑한다는 건 사랑의 대상이 자기 삶의 중심이 된다는 것이다. 결핍의 자리를 채우기 위해 시작한 사소한 만남의 대상이 소유의 전부와 맞바꿀 수 있는 존재로 변하는 것은 놀라운 신비다. 이는 설명할 수 없는 신비지만 평범한 연인들의 사랑의 과정에서 나타난다. 사랑은 보편적 신비다.

손익분기나 기대가치 같은 경제 개념으로 사랑을 설명하려 들면 오류에 빠지곤 한다. 분명히 사랑이 주는 것은 작은 이익일 뿐이다. 마음의 안정감을 주거나, 즐거운 순간들을 보내게 해 준다. 사랑이 가져다준 기쁨과 그 사랑을 위해 사용하는 대가를 비교해 보면 계산이 맞지 않는다. 그래서 재산을 축적하기 위해서 가족을 죽이거나 이혼하는 일이 발생하기도 하고, 부부 사이에 재산을 분할하여 정확하게 용도를 계산하는 계약 관계를 맺기도 한다. 그러나 이러한 경우보다 사랑을 위해 계산에 맞지 않는 대가를 지불하는 경우가 더 많다. 사랑하는 여인을 한순간 미소 짓게 하기 위해 오랜 시간의 노력을 들여 여행을 계획하고 몇 캐럿의 다이아를 준비하기도 하며, 손해를 감수하고 회사의 중요한 일정을 바꾸기도 한다. 로마의 카이사르가 클레오파트라의 사랑을 얻기 위해 전쟁을 불사하고, 로미오와 줄리엣이 사랑을 위해 가문을 등지고 죽음을 각오하는 것을 독자들도 심정적으로 이해할 수 있을 것이다. 도대체 왜 인간은 사랑을 위해 이토록 많은 대가를 지불하는 것일까?

그것은 사랑의 대상이 '상실했던 엄마의 역할 혹은 결핍된 자기, 대상a'이기 때문이다. 인간은 결핍을 충족하기 위해 사랑의 대상을 찾는다. 그렇다면 결핍이 사소할 경우, 사랑도 사소해진다고 생각할 수 있다. 그런데 사랑의 과정에서는 조금 기이한 일이 벌어진다. 사람들은 결핍이 가진 것의 1%밖에 안 된다 할지라도, 그 결핍을 채우기 위해 나머지 99%를 버리곤 한다. 왜냐하면 1%로 보이는 결핍은 자신의 일부이고 99%는 외부에서 들어온 소유이기 때문이다. 클레오파트라가 카이사르에게 대상a였다면, 클레오파트라는 카이사르의 결핍을 채우는 그의 일부였다. 반면 로마 제국은 카이사르의 소유였다. 자신의 일부와 소유물은 비교할 수 있는 가치가 아니다. 이 차이는 손익분기나 기대가치로 계산할 수 있는 것이 아니다.

자본주의 사회는 경제적 관점으로 모든 관계를 바라보는 사람들을 양산한다. 심지어 사랑의 대상까지 경제적 관점으로 바라보게 만든다. 자본주의 사회에서는 경제적인 것을 위해 사랑의 대상으로부터 거리 두기를 하는 현상이 자연스럽다. 부를 나누지 않기 위해 결혼하지 않고 연애만을 고집하기도 한다. 이런 자본주의 사회를 살아가고 있는데도 불구하고 사랑을 위해 모든 소유를 버리는 《안나 까레리나》, 《젊은 베르테르의 슬픔》, 《파리의 노트르담》, 《폭풍의 언덕》

과 같은 고전들은 여전히 대중에게 영향력이 있다. 자신의 삶이 그렇지 않다 하더라도 이러한 고전들을 향유하는 이유는 심리적 설득력이 있기 때문이다. 자신이 사랑을 위해 고전의 주인공들과 같은 선택을 하지 않더라도 이들의 선택에 공감하는 이유는 사랑의 대상이 소유물이 아니라 자신의 일부라는 것을 알기 때문이다. 그리고 모든 소유를 잃더라도 자신의 일부인 사랑의 대상을 선택하는 고전의 주인공들의 삶에 심정적으로 동의하기 때문이다. 인간은 소유물과 사랑의 대상을 모두 잃지 않으려고 적절한 거리를 두거나, 사랑의 대상을 소유물의 하나로 격하한다. 하지만 인간이란 자기 일부를 하대하거나 격하하고도 평안한 마음을 유지할 수 있는 단순한 경제적 기계가 아니다. 이렇게 경제적 기계처럼 살아가는 사람은 늘 불편감과 상실감을 안고 살아갈 수밖에 없다.

이 책의 설정에 따른 이야기에서 솔로몬이 술람미를 왕비로 맞아들이는 것은 작은 손해가 아니다. 그동안 이스라엘은 왕비들을 맞이함으로써 공국을 둘 수 있었고, 그만큼 왕비라는 자리는 이스라엘에 이득을 주는 자리였다. 술람미가 왕비가 된다는 것은 왕비들이 속한 공국들의 자존심에 손상을 주는 것이고, 공국으로서의 가치가 떨어지는 것이며, 이로 인해 솔로몬의 결정과 지혜에 의존하던 신하들의 신뢰마저 잃게 하는 일이었다. 물론 실제 역사에서 술람미가 왕비가 되었는지, 그것이 당시 솔로몬에게 어떤 의미였는지 알 수는 없다. 상상력에서 나온 것일 뿐이다. 다만, 분명한 것은 술람미에 대한 솔로몬의 고백이 아가에 기록된 바와 같다면, 이 책에 기술된 대가보다도 더 큰 대가를 각오했을 것이라는 데 의심의 여지가 없다.

인간은 존재의 결핍을 채우기 위해서라면 이미 가지고 있는 무엇이라도 희생한다. 물론 대상a가 사람이 아니라 사물이거나 자본 혹은 욕망 자체라면 이야기가 달라진다. 모든 대상a가 사람으로 나타나는 것은 아니다. 누군가에게는 대상a가 돈일 수도 있고, 누군가에게는 특정한 물건일 수도 있으며, 누군가에게는 직업의식 혹은 국가일 수도 있다. 특히 위험한 경우는 외부 대상이 아닌 내재된 욕망 자체를 대상a로 설정한 경우다. 그래서 인간은 끊임없이 무언가를 욕망하는 방식으로 자신의 결핍을 채워 나가기도 한다. 이런 경우, 그 욕망을 위해 삶의 모든 것을 희생하기도 한다. 만약 대상a가 사람이 아니라 사물, 자본, 욕망일 경우, 인간의 결핍은 끝내 채워지지 않고 끊임없이 연쇄될 수밖에 없다. 인간의 결핍을 발생시킨 최초의 대상은 엄마, 곧 사람으로서의 사랑의 대상이기 때문이다.

2부

낯선 것은 경험되지 않은 것이다.
경험되지 않았다는 것은 셈할 수 없다는 의미다.
셈할 수 없는 것은 불안을 불러온다.
결국 낯선 것은 불안을 불러온다.
낯선 것은 불안을 불러옴과 동시에 매료시키기도 한다.
매료되어서 지루하지 않으면 사랑이 된다.
불안과 사랑은 낯선 것을 사이에 두고 멀지 않은 거리에 있다.

낯 선   것 에

대 한

                사 랑 과

                불   안

05

금기는 불안을 불러오고
사랑을 단단하게 한다

…내 사랑하는 자가 원하기 전에는
흔들지 말며
깨우지 말지니라(8:4).

술람미와 솔로몬의 혼인이 확정되었고 이스라엘 전통에 따라 혼인 전까지 신부는 신랑을 만날 수 없다. 술람미는 궁내에 거처할 방을 지정받았고 술람미를 시중들 여인들이 배정되었다. 솔로몬은 사독과 함께 술람미의 가족을 데려오기 위해 수넴으로 출발했다. 술람미는 수일 동안 솔로몬 없이 홀로 예루살렘 궁에 남겨졌다.

술람미를 시중드는 여인들은 술람미에게 한마디의 말도 붙이지 않았다. 술람미의 질문에 차갑게 대답할 뿐이었다. 술람미는 숨이 막혔다. 그렇다고 방 밖으로 나가자니 궁내 지리를 알지 못했다. 술람미는 시중드는 여인들끼리 수다 떠는 소리 중에 '포도원'이라는 단어를 들었다. 포도원이라는 단어가 그리도 반가울 수 없었다. 그 단어만으로도 고향에 있는 느낌이 들었다. 그래서 그녀들에게 물었다.

"궁에도 포도원이 있나요?"

"네, 선대 왕이 만든 포도원도 있고, 솔로몬 왕께서도 포도주를 좋아하시어 더 넓게 만들고 계시답니다."

"그러면 저를 안내해 주실 수 있나요?"

"그러시지요."

외로웠던 술람미는 포도원을 볼 수 있다는 생각에 기쁨을 가득 안고 옷을 챙겼다. 그리고 시중드는 여인들과 나가려고 문을 열었는데 마침 문 앞에 한 아름답고 기풍 있는 여인과 그 여인을 시중드는 많은 여인이 서 있었다.

"어디를 나가려는 거요?"

술람미를 시중드는 여인들은 문 앞에 서 있는 그 여인을 보자 모두 머리를 조아렸다. 술람미는 위압감을 느꼈다. 자신도 머리를 조아려야 할지 몰랐다. 그 기풍 있는 여인이 술람미를 가만히 쳐다보자 술람미는 그녀의 위압감에 자신도 모르게 머리를 조아렸다. 그러자 그녀는 기풍 있는 바른 걸음으로 방 안쪽의 의자로 걸어가서 앉았다.

"나는 사라예요. 내가 누군지 알지요?"

술람미가 알 리 없었다.

"네?"

술람미가 모르는 것 같아 보이자 기풍 있는 여인 사라는 술람미를 쏘아보며 말했다.

"이 나라의 세 번째 왕비지요. 내가 바로 파라오의 딸이에요. 왕이 내게 '사라'라는 이름을 붙여 준 것을 보면 내가 이 궁에서 어떤 대우를 받는지 알겠지요?"

"자기 이름이 있는데 왜 다른 이름을 붙여 주나요?"

"그 이름만큼 소중한 거겠지요."

"그러면 혹시 리브가라는 이름을 받은 왕비도 있을까요?"

"그래요. 하와는 없어요. 그러니까 사라가 가장 고귀한 이름이지요. 가장 아름다운 이름이고요. 왕의 생각이 이름에 담겨 있지 않겠어요? 내가 세 번째 왕비이지만 첫 번째 왕비나 다름없어요. 모든 건 나와 상의하고 나에게 보고하세요."

"네?"

사라는 술람미의 대답이 못마땅했다.

"알았다는 건가요?"

"알겠습니다."

"그리고 어디로 가려던 것 같던데, 왕께서 돌아오시기 전까지는 이 방 밖으로 나가지 마세요. 왕의 아내를 보호하기 위함이니까. 결혼할 때까지 많은 위험이 있을 수 있으니 조신하게 행동하세요. 이곳에서, 가만히, 아무것도 하지 말고, 그냥 있어요. 알겠어요?"

"네? 아, 네?"

"됐어요. 이 말을 해 주려고 왔어요."

사라는 말이 끝나기가 무섭게 일어나 방 밖으로 나갔다. 사라가 방 밖으로 나가자 술람미는 털썩 자리에 주저앉았다. 왕을 만날 수도 방 밖으로 나갈 수도 없는 상황이 술람미에게 큰 상실감을 주었다. 그리고 상실감 가득한 마음으로 시중드는 여인들에게 말했다.

"포도원을 보고 싶어요. 나의 사랑하는 왕께서 안 계시니까, 내가 업신여김을 받는군요. 왕께서 빨리 오셨으면 좋겠어요. 모두 방에서 나가 주세요. 시중은 들지 않아도 돼요. 나의 사랑하는 왕이 오시기 전에는 나를 깨우지 말아 줘요. 좀 자야 할 거 같거든요."

마음 들여다보기　금기가 미치는 영향

술람미는 결혼할 때까지 솔로몬을 만날 수도 없었고, 솔로
몬이 돌아올 때까지 방 밖으로 나갈 수도 없게 되었다. 이러
한 억압 혹은 금기는 포도원에 가고 싶은 마음을 더 크게 만
들었고 왕을 향한 사랑도 더 커지게 만들었다. 억압과 금기
가 발생하기 전까지 술람미에게 포도원은 고향을 떠올리는
향수였으며 솔로몬은 왕이었고 순종의 대상이었다. 그러나
솔로몬을 만날 수 없다는 금기와 밖으로 나갈 수 없다는 금
기가 발생하자 포도원에 가고자 하는 욕망의 가치가 증폭했
고, 욕망을 실현할 수 없는 현실로 인해 밖으로 나가고자 하
는 욕망은 우회하여 왕에 대한 사랑으로까지 발전했다.

　사라가 술람미에게 제시한 금기는 밖으로 나갈 수 없는
한 가지였지만 술람미가 직면한 금기는 밖으로 나갈 수 없
다는 것과 왕을 볼 수 없다는 것 두 가지가 되었다. 밖으로

나가는 것에 대한 금기가 끝나는 시점이 왕이 돌아오는 시점이 되기 때문이다. 금기는 단지 무언가를 할 수 있는 것과 없는 것으로 구분하는 데서 끝나지 않고 다양한 심리적 역동을 만들어 낸다. 특히 애착과 불안을 형성하는 데 영향을 미친다.

라캉에 따르면 정신은 경험한 대로 혹은 사태 자체로 존재하기보다 억압과 금기를 중심으로 구조화된다. 정신의 구조화는 개인의 정신뿐 아니라 문화 현상에서도 발견할 수 있다. 인간의 문화에는 인간의 정신이 그대로 담겨 있기 때문에 문화를 분석함으로써 정신을 분석하는 방법이 심리 치료에서 활용되기도 한다. 모든 문화에는 해도 되는 것과 해서는 안 되는 것이 구분되어 있고, 해도 되는 것은 발전하고 해서는 안 되는 것은 미지의 영역이 된다. 혹은 원래는 해도 되는 것이었다 할지라도, 그것을 해서는 안 되는 것, 곧 금기로 정하면 그 금기는 퇴보하기 시작한다. 그러나 미지의 영역이 된 금기 너머의 세계, 퇴보한 그 세계는 퇴보한 채로 그냥 사라지지 않고 허용된 것으로 우회하여 더 강하게 돌아오곤 한다. 이슬람이 국교인 국가에서는 일부다처제가 허용되기 때문에 두 번째 아내 혹은 세 번째 아내를 맞이하기 위한 결혼 문화와 혼수 문화 혹은 미로 같은 건축물 설계 방법이 발전했다. 그러나 일부다처가 허용되지 않는 한국에서는 두 번째 아내를 맞이하기 위한 문화가 만들어질 리가 없다. 그렇다고 금지된 것이 사라지는 것은 아니다. 금지된 것에 대한 욕망은 조금 더 쉬운 금기를 깨기도 하고 허용된 것에 욕망을 우회하여 표현되기도 한다. 그래서 한국에는 매춘이 불법임에도 불구하고 우회하여 공공연하게 존재하고, 여러 성적 문화가 우회하여 발생하는 것이다. 금지된 것은 사라지지 않고 어떻게든 우회하여 자기의 존재를 드러낸다. 개고기를 금기시하는 문화는 애견 문화를 강하게 불러왔고, 여성 인권에 대한 억압은 페미니즘을 불러왔다. 이러한 현상은 개인의 정신에도 나타난다. 전쟁과 가난으로 인해 배우지 못했던 부모들은 자녀를 통해 대학 입학의 열망을 표현하고, 주변의 반대에 직면한 사랑은 더 진지하게 나타나기도 한다.

금기가 우회하여 더 강하게 드러나는 이유는 금기 너머에 불안이 작동하기 때문이다. 금기로 인해 작동하는 불안은 익숙한 무엇을 상실할 것에 대한 불안이다. 금기는 금기 너머의 것을 낯설게 만든다. 금기를 중심으로 익숙한 것과 낯선 것이 형성된다. 익숙했던 것도 금기가 오래 지속되면 낯선 것이 된다. 금기가 오래 지속되지 않는다 할지라도, 금기에 대한 선언은 익숙한 것이 낯선 것이 될 것에 대한 예감, 곧 상실할 것에 대한 불안을 가져온다. 그래서 금기는 역설적으로 상실할 대상에 대한 소중함을 확인시킨다.

금기로 인한 상실은 대상에 대한 가치를 증폭시키며 내적 관계를 더욱 견고하게 만든다. 그래서 마감이 임박한 물건이나 예매 기한이 정해진 공연이 금방 매진되는 것이다. 금기가 성공하면 결국 금기 너머의 것, 금기된 사랑은 낯선 것이 되어 버리지만, 금기가 완전히 성공하지 못하면 사랑은 더욱 견고해진다.

사라가 술람미에게 가한 금기는 완전히 성공하지 못했다. 술람미는 금기 너머의 것을 더욱 열망하게 되었고 솔로몬에 대한 사랑도 더욱 깊어졌다. 금기가 없었다면 단순히 한 번 방문해 보고 싶은 포도원이었겠지만, 이제 금기로 인해 그 포도원은 고향의 포도원과 같은 의미를 가지게 되었고, 솔로몬 또한 자신을 해방해 줄 구원자, '나의 사랑하는 왕'이 되었다.

06

당황과
불안 사이

내가 밤에 침상에서
마음으로 사랑하는 자를 찾았노라
찾아도 찾아내지 못하였노라(3:2).

술람미는 방 안에서 실의에 빠져 있었다. 술람미는 시중 드는 여인들을 모두 내보내고 홀로 침대에 엎드려 일어날 생각을 하지 않았다. 원래도 외모를 가꾸지 않았던 사람이거니와 솔로몬이 없으니 가꿀 생각이 더욱 들지 않았다. 가만히 침대 위에 엎드려 있는데, 한 시중드는 여인이 문을 두드렸다.

"술람미님, 전달해 드릴 것이 있어 왔습니다."

술람미는 겨우 일어나 목소리를 내었다.

"들어오셔요."

시중드는 여인은 가만히 고개를 숙이고 들어와 술람미 앞에 앉았다. 술람미는 시중드는 여인들의 이러한 자세가 어색했다.

"아무도 보지 않을 때는 이럴 필요 없어요. 그냥 친구처럼 대해요."

시중드는 여인은 술람미의 제안에 아랑곳하지 않고 자신의 말을 할 뿐이었다.

"나아마님께서 술람미님을 뵙겠다고 하십니다."

"나아마님이요?"

"네, 왕의 일곱 번째 왕비입니다."

"제가 가야 하나요? 저는 방 밖으로 나갈 수 없다고 했는데요."

"아닙니다. 지금 방문 앞에 와 계십니다."

"그러면 어서 들어오라고 하셔요."

"예."

시중드는 여인이 방 밖으로 나가자 곧이어 나아마가 여러 시중드는 여인을 대동하고 들어왔다. 나아마는 친근한 미소를 띠며 다가와 술람미의 손을 잡았다.

"고생이 많지요?"

술람미는 사라와 달리 친근한 나아마의 태도에 마음이 풀렸다. 사라는 허락도 구하지 않고 바로 들어왔지만, 나아마는 시중드는 여인을 보내어 방에 들어오는 것을 허락까지 받았다. 술람미는 마음을 열어도 될 만한 사람이라고 생각했다.

"아닙니다. 이쪽으로 앉으시지요."

"아니에요. 앉지 말고 나가요, 우리. 포도원을 보고 싶어 하셨다고 들었어요."

술람미는 포도원이라는 말에 귀가 번쩍 뜨였다. 그러나 사라가 방 밖으로 나가는 것을 금지한 말이 생각났다.

"하지만 저는 왕께서 돌아오시기 전까지 방 밖으로 나가는 것이 금지되어 있다고 들었어요."

"그럴 필요 없어요. 아무도 그런 규정을 만든 적 없거든요. 그래야 했다면 솔로몬께서 술람미님께 직접 말씀을 하셨겠죠. 왕께서 저에게 술람미님을 보살펴 달라고 부탁하셨어요. 왕비들 사이에는 서열이 없답니다. 오직 솔로몬만이 우리의 주인이지요. 솔로몬 외에는 우리가 머리 숙일 사람은 이 나라에 없답니다."

"그러면 사라님이 거짓말을 하신 건가요?"

당황과 불안 사이

"앞으로 수많은 거짓말에 직면하실 겁니다. 그것이 거짓인지 진실인지 구분할 수 있는 지혜가 있어야 할 거예요."

"그러면 나아마님도 제게 거짓을 말할 수 있는 건가요? 왕께서는 어찌 저를 나아마님께 부탁하셨을까요? 아… 그리고 나아마님은 어제 일을 어떻게 알고 계시지요?"

"그래요. 그렇게 궁금해하는 지혜가 필요해요. 무엇도 단정하지 말고 무엇도 믿지 말아요. 그렇다고 해서 무조건 의심하는 것도 좋지 않아요. 딱 지금처럼 궁금해하시면 됩니다. 그러면 우리 포도원으로 가면서 이야기할까요? 제가 다 이야기해 드리지요."

술람미는 여러 상황이 혼란스러우면서도 포도원을 볼 수 있다는 말에 서둘러 옷을 걸쳐 입었다. 아무런 꾸밈없이 그냥 걸쳐 입었다. 그러자 나아마가 다시 친근한 웃음을 띠며 말했다.

"우리가 여기서 나가면 많은 궁내 사람들의 시선이 집중될 거랍니다. 그런 복장으로 괜찮으시겠어요?"

"네?"

"그래도 곧 왕비가 되실 몸인데, 좀 더 화려한 옷이 필요하지 않으실지."

"포도원에 가잖아요? 화려한 옷이 왜 필요한가요?"

"그래요. 술람미님이 괜찮으시면. 지금도 나쁘지 않아요."

나아마는 암몬 왕가의 여인으로 솔로몬의 일곱 번째 왕비지만 솔로몬의 아들 르호보암을 출산하여 대신들과 솔로몬의 신뢰를 받고 있었다. 특별한 일이 발생하지 않는한, 르호보암이 솔로몬의 뒤를 이을 예정이었다. 때문에 궁내에서 나아마의 입지는 솔로몬과 사독 다음으로 높았다. 나아마가 이러한 정황을 그대로 다 말해 주지 않았지만 술람미는 나아마가 르호보암의 어머니라는 말을 들은 것만으로 충분히 이러한 정황을 추측할 수 있었다.

"사라님은 스스로가 가장 사랑받는 왕비라고 말했는데, 제가 지금 보니 나아마님이 가장 사랑받는 왕비신 거 같아요."

"그렇게 생각하세요? 아마 모든 왕비가 스스로를 가장 사랑받는 왕비라고 생각할 거예요."

"네?"

"그렇게 생각하지 않으면 이곳에서 버티기 힘들지요. 그리고 왕비들이 그렇게 생각하도록 만드는 것이 솔로몬의 지혜이기도 하고요. 솔로몬이 처신을 잘하고 있는 것이지요. 왕비들이 그렇게 생각하면 그 왕비들을 보낸 공국들과도 특별한 관계를 유지할 수 있지요. 왕비들이 각 가문에 가서 자신들의 상황을 떠들 테니까요."

"아… 그러면, 나아마님이 이렇게 생각하시는 것처럼 다른 왕비들도 똑같이 생각할까요?"

"술람미님은 어때요? 자신이 가장 사랑받는다고 생각하지 않나요? 혹은 가장 사랑받는 건 아닐지라도, 솔로몬 왕의 특별한 존재라고 생각하지 않으시나요?"

나아마의 질문을 받은 술람미는 대답할 수 없었다. 나아마의 말이 틀려서가 아니라 너무 정확해서 대답할 수 없었다. 술람미가 대답하지 못하고 침묵을 이어 가자 나아마는 왕비들 사이의 처세에 관해 이야기해 주었다. 왕비들은 왕의 마음에 들기 위해서 서로를 견제하고 온갖 거짓과 술수를 동원했다. 그것이 예루살렘 성의 현실이었다. 술람미의 시중을 드는 여인들 중에는 사라에게 정보를 제공하는 여인도 있었고, 나아마에게 정보를 제공하는 여인도 있었다. 혹은 또 몇 번째 왕비들에게 정보를 제공하고 있는지 알 수가 없었다. 궁은 그렇게 아무도 믿을 수 없는, 그렇다고 아무도 의심할 수 없는 그런 곳이었다. 술람미는 숨이 막혔다.

"이곳입니다."

그렇게 숨이 막혀 올 즈음, 술람미의 눈앞에 포도원이 펼쳐졌다. 포도원은 수넴의 것과는 달리 웅장하고 화려했다. 왜 술람미에게 옷을 바꿔 입지 않느냐고 했는지 알 것 같았다. 농장이라기보다 화원 같다는 생각이 들었다. 포도 빛깔이 태양과 하늘과 잎들과 어우러진 것이 천국을 땅에 내려놓은 것 같았다.

"이런 포도들을 어떻게 먹는데요?"

포도원 이곳저곳에는 소풍을 즐기는 사람들이 있었다. 서로를 방해하지는 않았으나 감시하는 것 같았다. 술람미는 갑자기 자신의 복장이 부끄러워졌다. 술람미의 마음을 알아차린 나아마는 화려한 외투를 벗고 술람미와 비슷한 옷차림을 했다. 외투를 벗었다 해도 나아마의 옷은 여전히 화려했다. 하지만 덕분에 술람미는 조금 덜 부끄러워졌다. 나아마는 이미 얼굴이 알려진 왕비였으나 술람미가 왕비가 될 여인이라고 생각하는 사람은 없었다.

나아마는 궁내 생활에 관한 이런저런 이야기를 해 줄 뿐 아니라 솔로몬에 관한 여러 이야기도 해 주었다. 술람미는 궁내 이야기에는 관심이 없다가 솔로몬 이야기가 나오자 귀가 솔깃해졌다. 그러다가 귀를 의심케 하는 이야기를 들었다.

"왕이 제게 그랬지요. 어머니가 나를 사랑해 준 것처럼 사랑해 주겠다고. 비둘기처럼 자유로우라고."

솔로몬이 술람미에게 한 말과 똑같은 말이었다. 술람미는 정신이 아득해졌다. 솔로몬이 자신을 가장 사랑하는 것은 아닐지라도 그 말은 자신에게만 해 준 특별한 말이라고 믿었었다. 그래서 당황했다. 술람미는 가만히 나아마를 바라보다가 힘없이 물었다.

"향기가 난다고 했나요? 나아마님께? 가슴이 쌍둥이 노루 같다고 그랬나요?"

나아마는 술람미의 질문에 대답하지 않고 여전히 친근한 미소를 띠며 말을 이어 갔다.

"그게 왕이 우리에게 바라는 바입니다. 자유롭기를. 사랑받기를. 구속되지 말고, 자유롭게 궁내 생활을 즐기세요. 제가 옆에서 도울게요. 어려운 일이 있으면 모두 제게 말하세요. 제가 힘써 도울게요. 사소한 거라도 모두 말해 주세요."

술람미는 '도울 테니 말해 달라'는 나아마의 말이 '모두 보고하라'는 사라의 말과 겹쳐 들렸다. 솔로몬이 사랑의 고백을 술람미에게만 한 것이 아니라 다른 왕비들에게도 했다는 사실이 당황스러웠고, 나아마가 어쩌면 사라와 크게 다르지 않은, 혹은 오히려 더 무서운 사람일 수도 있겠다는 생각이 들었다. 술람미는 그나마 기댈 곳을 찾은 줄 알았다가 갑자기 기댈 곳을 상실한 느낌이 들었다. 지난 날보다 더 큰 불안이 엄습했다.

술람미의 불안

술람미는 궁내의 모든 것이 새로운 경험이었기 때문에 긴장과 흥분을 가지고 있을 수밖에 없었다. 긴장과 흥분은 분노나 불안과 교감 신경의 역동 방식이 비슷하기 때문에 분노와 불안으로 전환되기 쉽다. 긴장과 흥분에서 분노와 불안으로 전환하게 돕는 정동이 당황이다. 당황은 감정을 빠르게 전환시킨다. 포도원에 갈 수 있다는 생각으로 인해 긴장과 흥분 속에 있던 술람미는 나아마의 말을 듣고 어쩌면 자기가 솔로몬에게 특별한 사람이 아닐지도 모른다는 생각이 들면서 당황했다. 정동의 전환에 있어서 당황의 정도만큼 불안은 커진다. 당황이 클수록 불안도 커진다. 주변에서 볼 때는 이러한 정동의 변화를 이해하기 힘들다. 당황은 순간적으로 발생하기 때문에 당사자의 내적 역동을 주변에서 감지하기 어렵기 때문이다. 나아마의 입장에서는 술람미가 갑자기 불안을 드러내는 이유를 이해하기 힘들었을 것이다. 그러나 술람미의 내적 역동에서는 흥분이 불안으로 전환되는 것이 합리적이다. 당황이 작동했기 때문이다.

라캉은 당황을 '다다를 수 있는 고난의 극치'라고 표현했다. 당황은 일상에서 쉽게 일어날 수 있는데 라캉은 왜 당황을 이렇게까지 심각한 것으로 표현했을까? 당황은 순간적으로 어쩔 줄 몰라 하는 감정 상태다. 그래서 '당황스럽다'고 하는 표현은 일상에서 빈번하고 사소하게 쓰이기도 한다. 그러나 '당황'하게 만드는 상황이 존재를 뒤흔드는 큰 사건일 경우에는 고통의 극치를 맛보게 하기도 한다. 당황은 극단적인 경우 자신을 죽음 혹은 이별로 몰아가기도 한다. 사랑하는 배우자가 다른 사람을 사랑하고 있다는 것을 알게되었을 때 느끼는 당황은 이별을 초래하고, 사랑하는 사람의 갑작스런 죽음으로 인한 당황은 자신을 죽음으로 몰아가기도 한다. 예고되지 않아 대처와 적응할 수 없는 당황은 금기나 방해보다 어려움이 더 크다.

당황으로 인해 발생한 불안은 찰나의 순간에 일어나서 적응하기 어렵기 때문에 사실보다 더 많은 상상을 자극한다. 그래서 생각을 지나치게 깊게 만든다. 이렇게 만들어진 고뇌는 사실이 아니라 할지라도 불안한 사람의 마음에서는 사실이라고 확신하게 만든다. 정보가 감정을 만들기도 하지만 당황으로 인해 발생한 불안은 역으로 감정이 정보를 구조화한다. 그렇기 때문에 술람미의 의식 안에서 나아마와 사라의 전혀 다른 말이 일치되는 생각의 왜곡이 발생한 것이다. 외부에서 볼 때 이러한 생각의 왜곡은 이해하기 힘들지만 당황에 직면한 당사자는 이를 합리적 인지의 과정이라고 여긴다.

당황과 불안 사이에는 드러나지 않지만 주로 수치심이 자리한다. 수치심은 들키고 싶지 않은 것을 들킬 두려움에서 발생한다. 당황은 준비할 여유를 주지 않기 때문에 수치심을 쉽게 발생시킨다. 나아마가 '어머니가 나를 사랑해 준 것처럼 사랑해 주겠다'는 솔로몬의 말을 언급했을 때 술람미의 마음에서 발생한 것은 단지 솔로몬에 대한 실망만이 아니었다. 솔로몬에 대한 실망만 발생했다면 나아마에게 부정적인 감정을 발생시키지 않았을 것이다. 솔로몬에 대한 실망과 더불어 솔로몬과 자신이 특별한 관계에 있었다고 생각한 마음을 들키고 싶지 않는 데서 기인한 수치심이 작동했다. 이 수치심은 질투, 절망, 시기에 둘러싸인 애매한 감정이다. 당황에서 불안으로 건너가는 사이에 수치심이 순간적으로 들어오기 때문에 술람미는 그 감정을 수치심으로 느낄 여유조차 없다.

당황은 갑자기 발생하기 때문에 자기 감정을 깊이 들여다 보거나 직면하기 어렵다. 그래서 당황에 자동적으로 따라붙는 감정이 수치심이다. 그런 의미에서 당황은 단지 '갑작스러워서 깜짝 놀람' 같은 단순한 정동이 아니라 '들키고 싶지 않은 무엇' 곧 '들키면 수치스러운 무엇'을 포함한다.

그리고 이 수치심은 모욕감을 동반한다. 대부분의 사람들은 주로 수치심은 모욕 이후에 발생하는 감정이고 모욕과 더불어 온다는 것을 어린 시절부터 학습해 왔다. 그래서 들키고 싶지 않은 것을 들킬 위험에 처했을 때 자동적으로 수치심이 발생한다. 이 수치심은 아직 받지 않은 모욕감을 자동적으로 연상시키며 모욕감을 동반한다. 사실상 당황에서 수치심을 거쳐 불안으로 가는 사이에 발생하는 가장 큰 문제가 있는데, 바로 상상적 해석이다. 근거 없이 들어온 모욕감의 근거를 찾기 위해 외부 사실을 왜곡하며 해석하는 현상이 일어난다. 본질적으로 수치심의 근원은 들키고 싶지 않은 '자기 마음'이었으나 그 원인을 다른 곳에서 찾고자 하는 심리적 역동으로 외부 정보들을 상상적으로 왜곡하여 그 수치심과 모욕감에 맞춰 근거를 해석한다. 이처럼 당황은 정확하게 판단할 시간적 여유를 주지 않기 때문에 어떤 정동보다 위험할 수 있다.

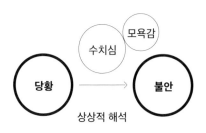

[그림 3] 당황을 둘러싼 심리적 움직임

　나아마는 단순히 "어머니가 나를 사랑해 준 것처럼 사랑
해 주겠다"는 솔로몬의 말을 들은 대로 전했을 뿐이다. 그러
나 술람미는 이 말을 듣고 당황하여, 포도원을 볼 수 있다는
흥분을 솔로몬의 사랑이 거짓일 수도 있다는 불안으로 전환
시켰다. 그리고 불안의 근거를 찾기 위해 나아마를 경쟁의
대상으로 간주하고, 다른 경쟁의 대상인 사라와 같은 맥락
에서 모든 행동을 해석했다. 그래서 "도울 테니 말해 달라"
는 나아마의 친절을 "모두 보고하라"는 맥락으로 이해한다.
술람미의 마음에서 발생한 정동의 순서를 정리하면 이렇다.

　마음을 들키고 싶지 않은 상황 직면 - 당황 - 수치심 - 상상적 해석 -
　불안

사랑이 시작되는 과정에서 당황은 불가피하게 발생한다. 사랑을 하는 두 사람은 착각에 기반하여 사랑을 시작하기 때문에 대상을 상상한다. 그 상상이 깨지면서 '진짜' 그 사람의 모습이 드러난다. 연인은 서로 속인 것이 아님에도 불구하고 상상한 모습과 다른 대상으로 인해 당황한다. 이 당황을 넘어서지 못하면 관계는 지속되지 못할뿐더러 각자의 상상으로 대상을 규정하게 된다. 그러나 이 당황을 잘 지나가면 관계의 신뢰는 더욱 견고해진다. 당황에서 신뢰로 가는 과정에서 찾아오는 불안은 표면적으로는 관계를 고통스럽게 만드는 것처럼 보이지만 그만큼 관계에 온 존재를 투여하고 있는 사랑의 증거이기도 하다. 당황의 가장 무서운 점은 판단을 흐리게 만드는 것이다. 사랑의 관계에서 당황스러운 일이 발생하면 이를 상상과 해석에 의존하지 않고 사태 자체로 바라보고 판단을 중지하는 연습이 필요하다.

해석은 실재보다 합리적이어서 실재를 압도하지만 진실은 해석이 아니라 실재에 있다. 해석과 상상은 개발되는 것이 아니라 모든 사람에게 장착되어 있는 본성이다. 그래서 의지적으로 해석과 상상을 진실에 직면시키는 에너지가 필요한데, 당황은 이러한 에너지를 붕괴시키고 해석과 상상을 해방시켜 생각과 감정을 가득 메우게 하는 원동력이 된다.

07

방해가 있으면
불안하다

네 기름이 향기로워 아름답고
네 이름이 쏟은 향기름 같으므로
처녀들이 너를 사랑하는구나(1:2).

술람미가 나아마와 포도원에 함께 있는 모습은 사람들에게 한 궁녀와 왕비가 함께 있는 것처럼 보였다. 그러나 소문에 민감한 왕비들은 나아마의 옆에 있는 여인이 술람미라는 사실을 알아차렸다. 그리고 술람미가 어떤 사람인지 궁금해했다. 술람미와 나아마 사이에 약간의 긴장감이 돌즈음에 왕비로 보이는 한 여인이 다가왔다.

"나아마님, 포도원에는 잘 안 나오시더니 어쩐 일이신가요? 혹시 옆에 계신 분은 그 소문의 술람미님이신가요?"

술람미는 다가온 여인을 가만히 바라보았다. 그 여인은 술람미 자신보다도 어려 보였다. 아름답기는 말할 것도 없고 옷차림이 화려하고 독특했다.

"아엘라님은 언제 봐도 아름답네요."

나아마의 형식적이고 친근한 인사가 끝나지도 않았는데 아엘라는 곧 술람미의 손을 잡았다.

"아니, 왕비가 되실 분이 옷차림이 이게 뭐람. 제가 궁

방해가 있으면 불안하다

내에서는 옷을 가장 잘 만들죠. 술람미님 궁으로 들어오신 기념으로 제가 옷을 하나 만들어 드리려고 하는데, 어떠세요? 같이 가시겠어요?"

아엘라의 제안을 들은 나아마는 여전히 친근한 미소를 지으며 아엘라의 말을 거절했다.

"미안하지만 술람미님은 저와 함께하고 있어요."

술람미가 이미 나아마와 만나고 있는데 술람미를 데리고 가겠다는 제안이 무례하다는 것쯤은 술람미도 알고 있었다. 그러나 술람미는 솔로몬이 자신에게 했던 고백과 동일한 고백을 나아마에게 했다는 생각에, 나아마와 함께 있는 것이 힘들었다. 그리고 다른 왕비들에게도 물어보고 싶었다. 솔로몬이 자신에게 해 준 말을 모두에게 똑같이 했던 것인지를. 그래서 술람미는 아엘라의 제안을 받아들였다.

"안 그래도 옷이 필요했어요. 궁에서는 어떤 옷을 입어야 할지도 모르겠고요. 왕비께서 직접 옷을 만들어 주신다면 저는 더없이 영광일 거예요."

아엘라의 제안을 술람미가 받아들이자 나아마는 흠칫 놀라며 의아해했다. 의아하긴 아엘라도 마찬가지였다. 자기가 제안했지만 이런 반응이 올지 예상하지 못했기 때문이다. 그러나 둘 다 의아한 얼굴을 티내지 않았다. 술람미는 말을 뱉고 나서야 나아마의 눈치를 보았다.

"가도 될까요? 나아마님?"

나아마는 여전히 친근한 미소를 띠며 말했다.

"자유롭게. 기억하세요. 아무도 술람미님을 함부로 할 수 없어요."

술람미는 아엘라를 따라 아엘라의 방으로 갔다. 아엘라의 방은 술람미로서는 상상해 본 적 없는 화려한 방이었다. 아엘라는 술람미에게 앉을 곳을 안내하고 옷을 가득 내왔다.

"보셔요. 저는 옷 만들기를 좋아해서 여인들에게 시키지 않고 제가 만든답니다. 저만큼 옷을 잘 만드는 사람이

별로 없어서요.”

아엘라는 철없는 소녀처럼 떠들었다. 술람미는 사라나 나
아마보다 아엘라가 더 편안했다. 어린아이와 함께 있는 것
같았다. 그래서 술람미도 편안하게 아엘라에게 물어보았다.

“혹시 솔로몬께서 청혼하실 때 어떻게 하셨나요? 뭐라
고 하셨나요?”

“저는 그런 거 없었어요.”

“네?”

“왕은 제 아버지와 이야기를 끝냈고 저는 그냥 이곳으
로 옮겨 왔어요. 저에게 청혼한 적도 제 의사를 물어본 적
도 없었어요.”

아엘라의 말을 들은 술람미는 아엘라가 측은하면서도
안심이 되었다.

‘청혼할 때의 말을 모두에게 똑같이 한 것은 아니구나.’

그러나 안심한 순간, 아엘라는 충격적인 말을 이어갔다.

"저는 아람 왕가의 예쁨 받는 딸이랍니다. 그런 저를 이곳에 보내 놓고 아버지는 저에게 매우 미안해하시지요. 그래서 저의 부탁이라면 무엇이든 들어주세요. 술람미님, 수넴에서 오셨다고 들었어요. 수넴은 이스라엘과 아람 사이에 끼어서 많이 힘들죠?"

"네? 네. 그렇죠."

"이왕 나온 말이니까 하고 싶은 말을 할게요. 제가 마음에 말을 못 담아 둬요. 그렇게 힘든 상황인데 집을 떠나서 무얼 하고 계신 거예요? 돌아가세요."

"네?"

"수넴 같은 곳에서 왕비가 나올 수 있다고 생각하는 거예요? 제가 아버지께 한마디만 해도 수넴은 여러 손실을 입을 거예요. 술람미님이 여기 있는 한 수넴은 편하지 않을 겁니다."

"왜, 아니, 갑자기 왜 그런 되지도 않는 협박을 하세요?"

"네, 협박이에요. 왕께 일러도 돼요. 어차피 왕은 저를 거들떠보지도 않고 아람과의 관계 때문에 데리고 왔을 뿐이니까요. 60번째 왕비라니, 도대체 뭐죠? 유일하게 사랑받는 것도 아니고. 사랑도 아닌데, 사랑받은 적도 없는데 61번째가 또 들어와? 왕께 이르든 말든 수넴으로 돌아가지 않으면 수넴은 여러 가지로 어려움을 겪을 겁니다."

"아엘라님, 그건 제가 어떻게 할 수 있는 일이 아니에요."

"이곳은 전쟁터나 마찬가지예요. 아람과 암몬이 싸울 때 저하고 나아마의 관계가 어땠을 거 같아요? 이곳은 60개 나라의 공주들이 볼모로 잡혀 온 곳이에요. 거기에 왕가도 아닌 여자가 와서 얼마나 버틸 수 있을 거 같아요? 지옥 같을 겁니다. 술람미님도 지옥 같을 거고, 수넴도 지옥 같을 거예요. 어차피 암몬하고 아람이 싸운 것처럼 이 나라 저 나라가 싸워요. 오직 이스라엘하고만 싸우지 못하죠. 공주들이 볼모니까. 수넴하고 아람이 싸우는 거? 흥, 그건 아무것도 아니에요. 그러면 수넴은 어떻게 될까? 그중에서 당신 가족들만 쏙 빼서 죽이는 건 일도 아니지. 생각 잘하세요. 농담 아니니까."

"아니, 아엘라님, 어떻게 그런 말을…"

"이르라니까, 그 잘난 왕에게! 당신같이 아름답지도 않고 게달의 장막처럼 피부가 거칠고 검게 탄 여자가 이곳에서 살아남을 수 있을 거 같아요?"

"난…"

"나가세요. 옷 같은 거, 주고 싶은 마음이 싹 가셨으니까. 당신을 구제할 수 있는 옷 따위는 없어!"

방해가 사랑에 미치는 영향

술람미는 술람미와 솔로몬의 관계를 드러내 놓고 방해하는 상황에 처음으로 직면했다. 그리고 이런 상황은 앞으로도 지속될 것이라고 생각했다. 아엘라의 말이 사실이든 아니든, 가족에 대한 일이었기 때문에 충분히 불안을 야기할 수 있는 상황이었다. 그러나 오히려 사라가 외출을 금지했을 때보다, 나아마를 만나고 당황했을 때보다 불안이 크지 않았다. 싸워야 할 대상이 분명하고 문제가 무엇인지 명료했기 때문에 불안한 마음에 직면할 수 있었다.

방해는 의도성을 띠고 있다는 의미에서 당황처럼 갑작스럽지는 않다. 해석하거나 계산할 필요가 없다. 그래서 예고 없이 찾아오는 당황에 비하여 대비할 수 있는 여지가 있고 대비할 수 없다 할지라도 어려움에 대한 각오를 할 수 있다. 각오할 수 있다는 의미에서 당황에 비해 방해의 어려움을 더 적게 느끼지만, 같은 크기의 어려움이라고 느껴진다면 실제로는 방해가 더 큰 어려움일 가능성이 높다. 대비를 했는데도, 어려움의 크기가 같다면 대비하지 않은 당황보다 방해가 사실상 더 큰 어려움이다. 방해의 어려움의 절대량이 당황보다 크기 때문이다. 당황이 한 번에 덜컥 다가오는 어려움이라면 방해는 지속적으로 암울하고 숨 막히는 어려움이다. 또한 방해는 금기보다도 어려움이 더 적게 느껴지는데, 금기가 상급자 혹은 절대적 법으로 막아서는 것이라면 방해는 도전 가능하고 동등한 수준의 대상이 막아서는 것이다. 그래서 금기에 비하여 희망을 품을 수 있는 여지를 준다.

방해가 있으면 일차적으로 불안이 발생한다. 그러나 방해로 인한 불안은 금기에서 오는 불안이나 당황에서 오는 불안보다 상대적으로 다루기 쉽다. 실제로는 방해의 어려움이 더 큰 상황에서도 예측 가능하다는 의미에서 당황보다 쉬우며, 넘어설 만하다는 희망에서 금기보다 쉽다. 방해는 대상이 명료하기 때문에 방해하는 대상에 따라 계획적이고 논리적인 대응이 가능하다. 금기는 강력한 힘이 넘어설 수 없는 선을 그어 놓은 것이기 때문에 싸울 대상을 찾기가 어렵고 금기 안에서 여러 해결 방안을 모색할 뿐이다. 반면 방해는 방해물이 시야에 보이기 때문에 방향이 확실하다. 그래서 방해로 인해 발생한 불안은 사랑을 더 뜨겁게 만들기도 한다. 방해의 초기에 불안했던 정동은 대상이 명료해지면서 걱정이 된다. 걱정은 사랑의 대상과 함께 문제 해결을 고민할 수 있기 때문에 사랑의 대상이 방해물을 함께 치워 주기로 하고, 같은 편이 되어 주기로 결심하면 그 사랑은 더욱 깊어진다.

그러나 방해가 언제나 사랑을 더 뜨겁게 만드는 것은 아니다. 방해하는 대상에 따라 걱정의 단위로 끝낼 수 없을 때가 있기 때문이다. 방해하는 대상이 거대할 때 불안이 걱정으로 전환되기보다 공포로 전환된다. 불안은 대상이 없어서 발생하는 정동이며 걱정과 공포는 대상이 확정된 정동이다. 방해 대상이 넘어설 만하면 걱정이 되고 대상이 넘어설 수 없다면 공포가 된다. 도저히 넘어설 수 없다고 판단될 때 공포는 좌절 혹은 우울로 전환된다. 이런 경우, 방해 대상과 더불어 사랑의 대상도 상실하기 때문에 당황이나 금기보다 더 큰 영향력을 갖는다.

방해가 있으면 불안하다

08

불안하지 않기 위해
습관이 생긴다

…내가 사랑하므로
병이 생겼음이라(2:5).

그토록 밖으로 나가고 싶어 했던 술람미는 사라, 나아마, 아엘라를 만나고 난 뒤 밖으로 나가거나 누굴 만나는 게 두려워졌다. 술람미에게 솔로몬이 없는 궁은 낯설고 무서운 장소였다. 술람미는 시중드는 여인들에게 솔로몬에 대한 사랑을 주저리주저리 늘어놓기 시작했다.

"여러분, 내 피부가 검으니 게달의 장막 같나요?"

시중드는 여인들이 다른 어떤 왕비들이 보낸 정보원이라는 말을 들었지만 술람미는 자신의 마음에 있는 고민을 그대로 담아 둘 수가 없었다. 시중드는 여인들도 술람미의 눈물을 보면서 쉽게 대답할 수가 없었다.

"나의 사랑하는 님은 왜 나를 홀로 두었을까요? 내 피부가 검어서 나를 홀로 두었을까요? 여러분, 내 피부가 검다고 흘겨보지 말아요. 그대 시중드는 여인들을 가장 잘 이해할 사람은 아마도 이 궁에서 나일 거예요. 나는 다른 왕비들처럼 고귀하지 않답니다. 내 피부가 검은 건 내 어머니의 아들들이 나에게 포도원 일을 몰아서 시켰기 때문이에요. 이렇게 이곳에서 천대를 받을 바에는 그냥 나의 포도원을 지키고 있을 걸 그랬어요. 이제는 나의 포도원도 못 지키고 사랑을 받지도 못하는군요."

시중드는 여인들은 술람미가 가여웠는지 술람미를 위로해 주었다. 이 순간만큼은 자신들의 진짜 주인이 누구인지는 중요하지 않았다.

"술람미님, 힘을 내시어요. 술람미님은 충분히 아름다우십니다."

불행 중 다행으로 술람미는 고귀하지 않았고 시중드는 여인들과 잘 어울릴 수 있는 사람이었다.

"그래요. 힘을 낼게요. 내게 건포도 과자를 주시겠어요? 사과도 좀 주세요. 기운을 차려야겠어요. 내가 사랑해서 병이 난 거겠죠. 내가 사랑하지 않았으면 이렇게 마음에 병이 되지도 않았을 거예요."

술람미는 밤이 지나도록 시중드는 여인들과 수다를 떨고 과일을 먹었다. 깨어 있는 동안에는 잠시라도 수다를 멈추거나 먹을 것에 손을 떼면 불안이 찾아왔다. 이런 솔직한 모습에 시중드는 여인들은 술람미에게 마음을 열었다. 술람미는 시중드는 여인들이 누구의 정보원으로 있는지 아랑곳하지 않았다. 마음에 있는 모든 것을 쏟아 냈다. 이것이 후에 독이 될지 득이 될지는 생각하지 않았다. 당장의 시중드는 여인들은 진심으로 술람미를 위로하고 아껴 주었다. 술람미는 시중드는 여인들과 방 안에 있는 여러 옷을 입어 보았다.

"보아요. 이 옷은 어떤가요?"

술람미는 워낙에 옷을 입는 것에 관심이 없는 여인이었다. 그러나 옷에 관심을 두지 않는 것은 진심이 아니었다. 자신보다 더 아름다운 여자들 앞에서 옷을 입어 봐야 바라봐 줄 사람이 없었기 때문에 관심을 둘 이유가 없었다. 그러나 이제는 자기를 어여삐 여겨 주는 솔로몬이 있었고, 진심으로 옷을 골라 주는 시중드는 여인들도 있었다.

"술람미님, 이 붉은 빛 천이 더 화사할 거 같아요."

시중드는 여인들은 술람미가 아엘라에게 어떤 대우를 받았는지 듣고 진심으로 술람미를 꾸며 주었다. 술람미는 솔로몬이 돌아올 날을 생각하며 가장 아름다운 옷을 골랐다. 그리고 술람미 자신의 몸에 맞게 옷을 수선하기도 했다.

"술람미님, 옷은 저희가 수선할게요."

시중드는 여인들이 왕비가 될 술람미에게 바느질을 맡길 수는 없었다. 그러나 술람미도 집안일이라면 이력이 대단한 여인이었다.

"됐어요. 그 어린 아엘라님도 스스로 한다고 하잖아요."

술람미는 바느질을 시중드는 여인에게 맡길 수도 있었으나 무언가를 계속 하고 있어야 했다. 옷을 입어 보는 일이나 수선하는 일을 멈추면 걱정이 밀려왔기 때문에 손과 눈을 계속 혹사시켜야 마음이 편해졌다.

"아니에요. 그렇지 않아요. 아엘라님은 그냥 어떻게 만들라고 지시할 뿐이에요. 술람미님처럼 직접 바느질을 하지는 않아요."

시중드는 여인들이 술람미의 옷을 수선해 주려고 했지
만 술람미는 수선하는 일을 누구에게도 넘기지 않았다.
옷을 직접 수선하고 있으면 마음이 안정되었다. 술람미는
마음의 안정을 위해서 수선하는 것인지, 정말 새로운 옷
이 필요한 것인지 구분이 가지 않았지만 덕분에 마음도
안정이 되고 아름다운 옷도 가질 수 있었다.

술람미가 수선하는 일을
멈출 수 없었던 이유

불안은 해소의 대상을 특정할 수 없는 정서다. 그렇기 때문에 불안이 발생하면 불안을 다른 곳에 전치*시키려고 시도한다. 그래서 불안은 손톱을 입으로 씹는다거나, 발을 구른다거나, 두 손을 꽉 지는 등의 습관을 발생시킨다. 불안이 만들어 내는 습관은 이렇게 작은 신체적 활동일 수도 있고, 화를 내거나 수치감을 느끼거나 우울로 빠지는 등의 다른 정서로 전환하는 것일 수도 있으며, 규칙을 철저하게 지킴으로써 불안을 정돈하려고 시도하는 등의 강박적 행동일 수도 있다. 드물게는 사람을 의심하는 등의 편집적 행동을 보이기도 하고 충동 구매를 하거나 성적 의미를 담은 특정 사물에 집착하는 등의 도착적인 행동으로 전치하는 경우도 있다.

* 전달하여 위치시킴.

습관	감정 전환	강박	편집	도착
· 손톱 씹기 · 발 구르기 · 다리 떨기 · 손 꽉 쥐기	· 분노 · 수치심 · 우울 · 흥분	· 지나친 정리 정돈 · 선 피하기 · 규칙에 집착하기 · 특정 행동 반복	· 특정 대상 에게 의심 및 집착	· 성적 도착 · 성적 물건 집착 · 충동 구매

[그림 4] 불안의 전치 현상

  결과를 놓고 분석하면 이 모든 것이 불안하기 때문에 발생한다고 볼 수 있지만 불안한 사람의 입장에서는 이 모든 것이 불안하지 않기 위한 습관이다.

  사랑의 관계에서 나타나는 전치적 습관은 사랑의 관계에 문제가 있을 때만 발생하는 것이 아니라 사랑의 관계가 뜨거울 때도 발생한다. 사랑은 현상되지 않는 정념이기 때문에 현상되는 행동으로 전치한다. 사랑하는 대상에게 선물을 주거나 손을 잡거나 키스를 하거나 성행위를 하는 등의 모든 사랑의 행위는 정념(감정)을 현상화하는 전치 작용이다.

  반대로 사랑의 관계에 문제가 있을 때는 불안이 작동하며 불안을 전치하는 현상이 일어난다. 사랑의 대상이 계산 안에 들어오지 않을 때는 단지 다르기 때문에 발생하는 것

임에도 불구하고 원인을 분석하려고 한다. 원인이 분석되지 않으면 불안이 생긴다. 원인이 분석된다 할지라도 이해되지 않으면 불안이 생기며 이해된다 할지라도 자기가 셈할 수 있는 영역을 벗어나면 불안이 생긴다. 이러한 모든 상황에서 불안은 전치적 습관을 만든다. 이때 자기도 모르게 발생하는 통제 불가능한 전치 작용에 휩싸이기보다 불안을 전치할 통제 가능한 습관을 의도적으로 만들어 주는 것이 좋다. 이렇게 불안의 대체물로 통제 가능한 습관을 만들어 주는 것을 승화라고 한다. 승화는 여행, 취미, 수다, 종교 활동, 예술 활동 등이 될 수 있다.

술람미는 사라, 나아마, 아엘라를 통해 금지와 당황과 방해를 겪으면서 불안이 가득해졌다. 그리고 그 불안을 수다와 섭식, 바느질에 전치시키며 해소했다. 수다와 섭식은 불안을 전치시키는 가장 일반적인 방법이다. 바느질도 불안을 대체하는 습관으로 자주 사용된다. 승화도 불안을 해소하기 위한 좋은 방법일 수 있지만 승화는 결국 불안의 정체를 해결하지 못하고 우회하여 해결하는 방법이기 때문에 미비하게 흘러나오는 숨통일 뿐이다. 불안을 해소하기 위해 가장 좋은 것은 우회하는 방식의 승화가 아니라 불안하게 만드는 정체에 '직면'하는 것이다.

술람미가 불안의 근원인 솔로몬에게 찾아가서 나아마와 자신에게 동일하게 말한 것이 어떤 의미인지 물어보면 나아마를 오해하지 않고 문제를 해결할 수 있다. 그리고 술람미가 기대한 것보다 솔로몬이 술람미를 사랑하지 않고 나아마를 사랑하고 있는 것이라면 그다음 대책이나 행동을 계획할수 있다. 아엘라의 경우에도 아엘라에게 술람미의 진짜 마음을 털어놓고 이야기하거나 아엘라로 인해서 상처 입은 마음을 말함으로써, 아엘라의 방해를 무시하거나 아엘라 스스로 방해를 거둘 수 있도록 제안하는 것이 불안에 빠지지 않는 방법이다. 혹여 술람미가 진심으로 걱정하는 것이 솔로몬과의 관계나 아엘라의 오해가 아니라 고향인 수넴에 피해가 가는 것이라면 수넴을 구하기 위해 솔로몬에게 이 상황을 알리고 수넴을 지켜 달라고 요청하는 것도 불안을 직접적으로 해결할 수 있는 방법이었을 것이다. 이렇게 직면하지못하고 불안으로 빠지는 이유는 직면했을 때 발생하는 문제가 현재의 불안한 상황보다 더 클 것에 대한 두려움 때문이다. 그러나 불안은 대상이 없고 두려움이나 공포는 대상이 있기 때문에 불안보다 두려움을 대처하는 것이 더 쉽다. 불안은 상상과 해석에 기반하고 두려움은 구체적인 대상에 기반하기 때문에 구체적 대상으로 불안의 방향을 돌리는 것이

불안하지 않기 위해 습관이 생긴다

오히려 해결을 쉽게 하는 방법이다. 이러한 직면을 위해서는 불안을 알아차리고 불안을 만드는 요소들이 무엇인지를 탐색하는 것이 필요하다.

09

회피는 불안을
가중시킨다

내가 내 사랑하는 자를 위하여
문을 열었으나 그는 벌써 물러갔네.
그가 말할 때에 내 혼이 나갔구나.
내가 그를 찾아도 못 만났고
불러도 응답이 없었노라(5:6).

술람미는 시중드는 여인들과 그저 방에서 수다를 떨며 다과를 즐기고 옷을 수선하며 지냈다. 날이 좋아도 밖으로 나갈 엄두를 내지 못했다. 방 안에서 시중드는 여인들과 지내는 것도 즐거운 일이 될 수 있었다. 마치 패션쇼를 하듯 여러 옷을 갈아입었다. 여인들도 술람미 덕에 평소에 입어 볼 수 없는 좋은 천으로 만든 화려한 옷을 번갈아 입으며 술람미와 함께 방 안의 패션쇼를 즐겼다.

"술람미님, 제가 아엘라님의 걸음을 흉내 내 볼까요? 엉덩이를 이렇게, 이렇게 흔들면서요."

술람미의 방은 웃음으로 가득했다. 그러나 술람미의 마음은 그리 밝지 않았다. 울고 싶은 마음을 웃음으로 대신하고 있었다.

"쿵쿵."

누군가 문을 두드리는 소리가 들렸다. 시중드는 여인들은 문 쪽을 바라보았다. 그러나 술람미는 문 쪽을 바라보지 않았다.

"문을 열거라."

사라의 목소리가 문 밖에서 들려왔다.

"사라님입니다. 어쩌지요?"

술람미는 왕비들을 만나고 싶지 않았다.

"열지 마셔요."

시중드는 여인들은 사라의 말을 들어야 할지 술람미의 말을 들어야 할지 난감했다. 그러나 문 밖의 사라의 말보다 굳은 얼굴을 하고 있는 술람미의 말에 무게감이 더 크게 느껴졌다. 예루살렘 성내에서 문을 안에서 걸어 잠글 수 있는 방은 얼마 되지 않았다. 솔로몬 왕이 이러한 상황을 예상이나 했던 건지 알 수 없지만, 그는 얼마 되지 않는 중요한 방을 술람미에게 주었다. 덕분에 술람미는 자기 마음의 문을 닫은 듯 방문을 걸어 잠글 수 있었다.

사라는 한참 동안 문을 두드리다가 돌아갔다. 그리고 아직 만나 본 적 없는 몇몇 왕비도 술람미를 찾아왔다가 돌

아갔다. 술람미와 시중드는 여인들의 즐거운 패션쇼 소리
는 더 이상 이어지지 않았다. 술람미는 건포도를 먹기 시
작했다.

"여러분, 그대들이 내 사랑하는 왕을 만나거든 내가 너
무 사랑해서 병이 났다고 전해 주세요."

술람미는 다시 우울해진 목소리로 시중드는 여인들에
게 말했다. 그러나 여인들은 술람미의 말을 솔로몬에게
전할 수 없었다.

"나의 사랑하는 자의 살결은 흰 곳은 희고 붉은 곳은 붉
어서 모든 사람 사이에 있어도 눈에 띠지요. 머리털은 고
불고불하고 까마귀같이 검답니다. 눈은 시냇가의 비둘기
같은데 젖으로 씻은 것처럼 아름답게 박혀 있어요. 뺨은
향기로운 꽃밭 같고 향기로운 풀언덕과 같고 입술은 백합
화 같고 몰약의 즙이 뚝뚝 떨어집니다."

이제 술람미는 홀로 솔로몬을 예찬하는 듯 온갖 칭송을
다했다. 시중드는 여인들은 술람미의 솔로몬 예찬을 그저

들을 뿐이었다.

"손은 황옥을 물린 황금 노리개 같고 몸은 아로새긴 상아에 청옥을 입힌 듯하답니다. 다리는 정금 받침에 세운 화반석 기둥 같고 입은 심히 달아서 그 전체가 다 사랑스러워요. 여인님들. 이런 분이 내 사랑하는 자예요. 나의 친구랍니다."

시중드는 여인들 중 한 명이 술람미의 표현의 대범함을 칭찬했다.

"왕을 친구라고 하는 왕비님은 술람미님뿐일 겁니다."

그러자 다들 까르르 웃어 댔다. 술람미도 미소 지었지만 솔로몬이 더욱 보고 싶을 뿐 기력은 없었다. 그리고 누군가 또 방문을 두드렸다.

"술람미님, 나아마님이 오셨습니다. 뵙기를 청합니다."

나아마의 시중드는 여인이 문 밖에서 말했지만 술람미

는 대답하지 않았다. 그러자 나아마가 직접 말을 붙였다.

"술람미님, 나아마가 왔어요. 같이 포도원에 가시지요. 오늘 볕도 좋고 포도원 빛깔이 아주 아름답습니다. 포도주도 맛나게 나왔답니다. 함께 포도주 나들이 하시지요."

나아마의 유혹에 혹 포도주 향이 날아오는 것 같아 술람미의 마음이 잠깐 동했지만 여전히 일어나 나갈 마음의 여력이 없었다. 또 밖에서 무슨 일이 벌어질까, 아엘라 같은 이가 또 없을까 걱정되었다. 무엇보다도 나아마가 솔로몬의 사랑받는 왕비인 것이 확실하니 나가고 싶지 않았다.

"술람미님, 왕께서 수넴으로 가시기 전에 저에게 술람미님을 부탁하셨답니다. 술람미님이 이렇게 방 안에만 계신 걸 왕께서는 별로 기뻐하시지 않아요. 왕이 오시기 전까지 제가 술람미님 옆에 있을게요."

나아마의 설득이 이어졌지만 술람미는 밖으로 나가지 않았다. 그렇게 나아마의 소리가 들리지 않자 술람미의 시중드는 여인들이 술람미에게 조심스럽게 말을 건넸다.

"술람미님, 나아마님의 말은 진심인 거 같아요. 나아마님은 왕께서 가장 신뢰하는 왕비랍니다. 거짓을 말하실 분은 아니세요."

술람미가 워낙에 격 없이 대해 주니까 시중드는 여인들도 진심으로 술람미를 걱정하여 해 준 말이었다. 그러나 술람미는 나아마를 칭찬하는 여인들의 말이 거슬렸다.

"모두 나가 주세요. 저 혼자 있고 싶어요."

술람미가 시중드는 여인들에게 나가 달라고 했지만 시중드는 여인들은 어찌해야 할지 몰라 서로 눈치를 볼 뿐이었다.

"모두 나가 달라고요."

술람미가 단호하게 다시 말하자 그제야 시중드는 여인들은 술람미를 홀로 두고 사라졌다. 방에 홀로 남겨진 술람미는 아무도 없어지자 오히려 더 불안해졌다. 불안해서 울고 싶었고, 방에서 뛰어나가 누군가를 만나고 싶었지

회피는 불안을 가중시킨다

만, 막상 나가도 기쁘게 만날 사람이 없다는 공포가 술람미를 방 안에 가두었다. 술람미는 나가고 싶은 욕구와 방 안에서 보호받고 싶은 욕구 사이에서 갈등하며 불안에 자기를 맡겼다.

술람미는 시중드는 여인들을 모두 내보내고 우울과 불안으로 마음 깊은 곳에서 홀로 울다가 잠이 들었다. 잠이 들었지만 주변의 소리들이 다 들렸다. 비몽사몽간에 잠이 든 것인지 깬 것인지 알 수 없었다. 그때 문 밖에서 문을 두드리는 소리가 났다. 그리고 곧이어 한 남자의 목소리가 들렸다.

"나의 사랑, 나의 비둘기, 나의 완전한 여인아. 문을 열어라. 내가 그대를 만나려고 밤이슬에 머리털이 다 젖도록 달려왔다."

술람미는 화들짝 놀라 눈을 떴다.

"왕이시여."

분명히 솔로몬의 목소리였다.

'벌써 오신 건가?'

술람미는 솔로몬의 목소리를 듣고 문 밖으로 뛰어나가려고 했다. 그러나 술람미는 옷을 벗고 있었다. 그래서 옷을 챙겨 입으려고 둘러보았다. 그사이 발소리가 멀어져 갔다.

'아, 내가 너무 늦었나? 옷을 입을 시간이 없어.'

술람미는 급한 나머지 옷을 제대로 입지 못하고 겉옷 하나만 대충 걸치고 문을 열었다. 솔로몬이 떠나갈까 봐 무서웠다. 솔로몬을 붙잡고 싶었다. 문을 여는 순간 솔로몬의 모습을 볼 생각에 설레었다. 그러나 솔로몬은 문 앞에 없었다. 이미 복도 끝으로 사라져 버렸다.

"왕이시여!"

술람미는 솔로몬의 뒷모습을 보고 쫓아가려고 했으나 발은 맨발이었다.

회피는 불안을 가중시킨다

'다 씻었는데 발에 흙을 묻혀야 하나?'

맨발에 흙이 묻는 것이 걱정이 되었으나 신발을 신을 겨를이 없었다. 술람미는 그저 솔로몬의 뒷모습을 좇아 뛰었다.

"왕이시여!"

술람미는 목소리를 높여 왕을 불렀지만 대답이 없었다.

"솔로몬!"

감히 그 이름까지 불렀지만 솔로몬은 대답 없이 가 버렸다. 술람미의 목소리를 듣고도 가 버린 것인지 못 들어서 가 버린 것인지 알 수가 없었다. 아무리 불러도 대답이 없었다. 그렇게 솔로몬을 부르며 달려가다 보니 술람미가 입고 있는 겉옷이 풀어졌다. 술람미의 알몸이 풀어진 겉옷 사이로 드러났다. 그러나 술람미는 자신의 옷이 풀어헤쳐진 것을 알지 못한 채 그저 솔로몬을 찾아 달렸다. 솔로몬의 모습은 이미 보이지 않았지만 술람미는 멈출 수가 없었다. 너무 그리웠고 무서웠다. 이번에 놓치면 솔로몬을 아엘라에게, 사라에게, 나아마에게 완전히 빼앗겨 버릴 것만 같아서 꼭 잡아야 했다. 숨이 끝까지 차올랐지만 계속 달렸다. 그러다가 더는 달릴 수가 없어서 잠시 멈췄는데, 눈앞에 경비병들이 있었다. 경비병들은 술람미의 가슴을 빤히 내려다보았다. 술람미는 그제야 자신의 몸이 드러나 있는 것을 알아차렸다.

"꺄악!"

술람미는 몸을 가리려 했지만 이미 늦었다. 경비병은 마치 짐승처럼 술람미의 겉옷을 벗겼다.

"솔로몬!"

술람미는 절규하듯이 솔로몬의 이름을 불렀지만 경비병들의 웃음소리만 들릴 뿐이었다.

"하하하. 아니, 네가 왕의 이름을 불러 어쩔 셈이냐? 누구에게 불려 온 여인이냐? 몸을 팔고 돌아가는 길인가?"

회피는 불안을 가중시킨다

술람미는 두려웠지만 이 상황을 벗어나야 했다.

"나는 왕비가 될 술람미다. 당장 그 옷을 내놓지 않으면 모두 죽은 목숨이 될 것이다."

술람미가 용기 내어 외쳤지만 경비병들은 술람미의 말을 믿어 주지 않았다.

"하하하. 너처럼 검게 그을린 자가 왕비라니. 나는 본 적이 없는데?"

한 경비가 술람미를 비웃자 다른 경비가 함께 비웃으며 술람미의 얼굴에 손을 댔다.

"아니, 피부는 검어도 어여쁘지 않은가?"

경비들은 술람미의 몸을 뜯어보며 놀려 댔다.

"너희를 가만 두지 않을 것이야!"

술람미가 경비들에게 외치자 경비들은 술람미의 뺨을
쳤다.

"가만 두지 않으면? 왕비도 아닌 것이 어쩌려고? 너는
몸이나 파는 여인일 테니 이리 벌거벗고 뛰었지. 어디 왕
비를 사칭하느냐! 내 너를 혼쭐을 내줘야겠다."

경비들은 자기 몸을 가린 술람미의 가녀린 팔을 몸에서
떼어 내려 했다. 술람미는 몸에서 팔을 떼지 않으려고 버
티다가 급기야 경비병의 손을 물어 버렸다.

"아악!"

비명을 지른 경비병은 참지 못하고 술람미를 때리기 시
작했다. 그러자 술람미는 소리를 지르기 시작했다.

"누가 와서 나를 도우시오. 예루살렘의 여인들아. 나는
왕비가 될 술람미다. 제발, 나를 도와줘. 아, 나는 이제 더
이상 왕비도 될 수 없겠다. 나의 님이 묻거든, 나의 님을
만나거든, 내가 사랑 때문에 병이 들었다고 전해 주렴."

회피는 불안을 가중시킨다

술람미는 저항을 포기하고 그저 맞고 있는데 다른 여인의 목소리가 들려왔다.

"멈추시오. 뭐하는 짓들이오?"

예루살렘의 한 여인이 달려와 술람미를 감싸 주었다. 그리고 술람미에게 물었다.

"여인이여, 그대의 님은 누구이기에 나에게 그런 부탁을 하는 건가요?"

술람미는 눈물을 흘리며 대답했다.

"나의 님은 깨끗한 살결에 혈색 좋은 미남입니다. 만인 가운데 으뜸이지요. 머리는 정금 같고, 곱슬 거리는 머리카락은 까마귀같이 검답니다. 그의 두 눈은 흐르는 물가에 앉은 비둘기, 젖으로 씻은 듯, 넘실거리는 못가에 앉은 것처럼 아름답습니다. 그의 두 볼은 향기 가득한 꽃밭이요, 그의 입술은 몰약 즙이 뚝뚝 떨어지는 나리꽃 같습니다. 그의 손은 가지런하고 보석 박은 반지를 끼었답니다. 그의 허리는 청옥 입힌 상아처럼 미끈하고, 그의 두 다리는 순금 받침대 위에 선 대리석 기둥 같습니다. 그는 레바논처럼 늠름하고, 백향목처럼 훤칠하지요. 그의 입속은 달콤하고, 그에게 있는 것은 모두 사랑스러워요. 그 사람이 나의 님이고 나의 친구랍니다."

술람미는 솔로몬을 보고 싶은 그리움에 사무쳐 눈물을 흘렸다. 경비를 막아선 여인은 술람미의 이름을 불렀다.

"술람미님, 술라미님"

술람미는 자기 이름을 부르는 익숙한 소리에 불안이 가시기 시작했다.

'내 이름을 아는 걸 보면 시중드는 여인인가?'

술람미는 손으로 눈물을 씻어 내고 자기를 부르고 있는 여인을 보았다. 아니나 다를까 시중을 드는 한 여인이 앞에 있었다.

회피는 불안을 가중시킨다

"비명 소리를 듣고 달려왔습니다."

술람미는 시중드는 여인의 목소리를 듣고 그 여인을 안고 울었다.

"흑흑. 다행이에요. 경비병들이 나의 겉옷을 벗기고 상처를 입혔어요. 정말 무서웠어요. 내 소리를 들어 주셔서 다행이에요."

술람미의 말을 들은 시중드는 여인은 방 주위를 살펴보았다. 그리고 술람미를 안심시키며 말했다.

"이 방에는 감히 경비병이 들어올 수 없답니다. 감히 어떤 경비병이 이곳을 들어왔답니까?"

술람미는 시중드는 여인의 말을 듣고 나서야 눈을 뜨고, 눈물을 닦고 방 주변을 살펴보았다.

"방? 방이라고요?"

술람미는 눈을 가만히 뜨고 주변을 자세히 살펴보았다.

"아니, 분명히, 나는 문 밖으로…"

꿈이었다. 깨어나서야 꿈이라는 것을 알았다.

"휴."

술람미는 안도의 숨을 쉬고 비명 소리에 달려와 준 여인
을 안았다.

"고마워요. 그대의 이름은 무엇인가요?"

술람미는 그동안 여인들의 이름도 물어보지 않았다. 그
제야 여인의 이름을 물었다.

"제 이름은 아비가일입니다."
"아비가일, 나의 목소리를 듣고 달려와 줘서 고마워요."
"아닙니다. 마땅히 해야 할 일이지요. 제가 할 일입니
다."

"그대는 믿어도 될까요?"

"네, 믿어도 됩니다. 진심으로요."

"그대는 누구의 정보원인가요?"

"저는 누구의 정보원도 아닙니다. 저는 술람미님의 시녀입니다. 다만 나아마님이 저를 아껴 주십니다."

"그럼, 나아마님의 정보원인가요? 나의 이야기를 나아마님께 전해 주나요?"

"도움이 필요할 때는요. 술람미님, 나아마님은 술람미님께 해를 끼칠 분이 아니랍니다."

"그럴까요? 정말 그럴까요? 내가 의지해도 될까요?"

"네, 술람미님. 의지해도 되지만 의지할 필요는 없어요. 술람미님이 의지하실 분은 왕뿐입니다."

"그래요. 나는 친구가 필요한 거 같아요. 그대가 나의 친구가 되어 줄래요?"

"제가 감히 친구가 될 수는 없지요. 저는 충실한 시녀가 되겠습니다. 나아마님이 좋은 친구가 되어 주실 겁니다."

"정말 고마워요. 내일 나아마님을 만나 봐야겠어요."

술람미의 악몽

술람미는 사람을 만나면 불안이 가중되어서 방 밖으로 나가고 싶지 않았다. 방에서 나가지 않는 행동은 자기 주체적으로 결정한 행동이라고 여겨질 수도 있지만 잘 생각해 보면 이는 방을 나가지 않은 것이 아니라 나가지 못한 것이다. 스스로 방 안에 자신을 가둔 회피 행동이었다. 여기서는 시중드는 여인들이 있었기 때문에 자신이 불안하다는 사실을 인지하지 못한다. 회피는 스스로를 방 안에 가둔 데서 끝나지 않는다. 처음에는 방 안에 시중드는 여인들과 함께 있었으나 시중드는 여인들까지 내보내면서 두 번째 회피 행동을 한다. 이렇듯 시녀들을 내보내는 2차 회피를 하고 난 후에서야 술람미는 회피해도 불안에서 벗어날 수 없다는 사실을 깨닫게 되었다. 불안은 사람이나 장소에서 비롯하는 것이 아니라 자기 마음에서 비롯하기 때문에 인간은 회피를 할수록 결국 불안을 혼자 짊어지는 처지에 놓이고 만다. 반복되는 회피는 불안에 대응하는 최악의 선택이다.

술람미가 경비들에게 겉옷을 빼앗기고 상처를 입는 장면은 아가가 꿈인지 현실인지 구분하기 어렵게 그리고 있어서 많은 논쟁이 있다. 그러나 꿈이라고 보는 해석이 더 많다. "나는 자고 있었지만, 나의 마음은 깨어 있었다"(5:2)는 표현 때문이다. 정황상으로도 꿈으로 보는 것이 합리적이다. 그래서 필자는 이 부분을 꿈으로 기술했다.

불안은 꿈을 자주 꾸게 한다. 정확하게 표현하면 꿈을 자주 생각나게 한다. 그리고 불안 중에 꾸는 꿈은 악몽일 경우가 많으며 불안 중에 꾸는 악몽에는 피하고 싶은 것, 공포와 마음의 소망, 곧 욕망이 담긴다. 술람미의 꿈에는 자신이 버림 받는 것에 대한 공포와 솔로몬에 대한 사랑과 욕정, 불안하고 외로운 감정이 담겨 있다.

정신분석에서 꿈 해석은 꿈이 아니면 범접하기 어려운 신비로운 세계에 접근하는 해몽이 아니라, 꿈에 담겨 있는 욕망과 불안을 의식화하는 작업이다. 꿈은 욕망과 불안을 찾기 위한 매개이지 무의식의 절대적 권력이 아니다. 그렇기 때문에 꿈에 나타난 내용들을 마치 점을 보듯이 신적인 내용으로 수용하는 것은 위험한 일이다.

꿈을 꾸기 위해서는 재료가 필요하다. 꿈은 논리적 개연성이나 시간과 공간의 합리성과 상관없이 무의식의 흐름에 따라 떠오르는 현상이다. 그렇기 때문에 신비롭게 느껴지지만 결국 꿈은 경험했거나 생각한 것 혹은 느꼈던 것을 재료로 구성된다. 꿈은 자기 밖의 것들을 조명하지 않는다. 꿈을 꾸는 사람의 경험, 생각, 감정이 꿈의 재료이기 때문에 꿈을 통해 알 수 있는 것은 '자기'이지 자기 밖의 신적 권능이나 예측 불가능한 미래가 아니다. 꿈의 재료는 꿈을 꾸는 당시의 외부 자극, 과거의 경험, 주요 감정, 욕구, 욕망, 트라우마적 사건들이다. 그래서 꿈에 나타나는 재료들이 단순 경험인지, 트라우마적 사건인지, 어떤 욕구나 욕망인지를 분석해야 하는데 이 분석은 타자에 의해서 진행되는 것이 아니라 정신분석가의 안내에 따라 꿈을 꾼 당사자가 진행해야 한다.

꿈의 재료는 재료 자체로 꿈에 나타나지 않고 변형되어 나타나는 경우가 많다. 여러 재료가 뒤섞여서 하나의 재료인 것처럼 나타나는 현상이 '압축'이고, 직접적으로 표현되지 못하고 우회하여 다른 재료로 표현되는 것이 '전치'이며, 있는 그대로 나타나는 것이 '현상화'다. 일반적으로는 현상화보다 압축이나 전치로 꿈을 꾸는 경우가 더 많다. 필자는

회피는 불안을 가중시킨다

술람미의 꿈에 압축과 전치가 복합적으로 나타난 것으로 표현하기 위해 앞서 여러 단서를 남겨 놓았다. 술람미는 솔로몬의 궁에 들어오면서 보았던 경비병들의 표정에서 공포를 느꼈던 바 있었다. 그리고 술람미를 무시하는 왕비들의 시선과 특히 아엘라가 술람미를 무시하며 했던 말들이 꿈에 나타난 경비들에게 압축되어 나타나도록 그렸다. 그리고 솔로몬에 대한 그리움과 만나지 못하는 아쉬움을 꿈의 초기에 잡힐 듯 잡히지 않는 솔로몬의 뒷모습에 전치된 것으로 그렸다. 마지막으로 시중드는 여인이 술람미를 깨울 때 외부 자극이 그대로 꿈에 들어온 현상화를 나타냈다.

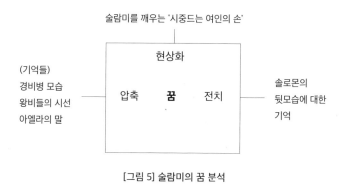

[그림 5] 술람미의 꿈 분석

무엇보다도 술람미의 꿈 전반에 나타난 정서는 불안이다. 경비들의 무례함, 솔로몬을 찾아 달려가던 발걸음과 솔로몬의 사라지는 뒷모습은 불안을 고스란히 나타내고 있다. 꿈은 크게 욕망의 꿈과 공포를 드러내는 반복 강박의 꿈으로 구분된다. 공포를 드러내는 반복 강박의 꿈은 주로 불안에 기인한다. 불안은 대상을 구체화하기 어렵기 때문에 꿈에서 대상을 형상화하여 불안의 대상을 공포의 대상으로 만든다. 이를 반복 강박의 꿈, 소위 악몽이라고 칭한다. 이때 구체화된 공포의 대상은 이유나 근거 없이 전치되는 대상이기 때문에 꿈에 나타난 공포의 대상에 어떤 의미를 부여할 필요는 없다. 오히려 꿈에 나타난 공포의 대상에 특별한 의미를 부여하는 것은 현실에서 또 다른 공포를 만들 수도 있다. 이를테면 술람미의 꿈에 경비병이 공포의 대상으로 나타났다고 해서 현실에서도 경비병을 악한 대상으로 규정하면 꿈을 근거로 현실의 오류를 만들어 내는 결과를 초래한다. 단지 술람미가 궁에 처음 들어올 때 경비병을 보고 무서워했던 것이 꿈에 작용했을 뿐이다. 꿈은 이렇듯 현실 상황의 실체와 상관없이 꿈꾸는 자의 인식과 감정이 나타나는 현상일 뿐이다. 꿈에 나타난 대상은 중요하지 않다. 그 대상에 품은 감정이 더 중요하다. 술람미의 꿈에 나타난 주요한 정동은 불안이며 이 꿈을 분석할 때 가장 주요하게 발견할 수 있는 것은 술람미의 마음에 있는 불안의 원인이다. 술람미는 무

회피는 불안을 가중시킨다

시당하고, 도움을 요청할 이가 없는 상황을 불안해한다. 더 이상 꿈꾼 자의 추가적 정보 제공이 없다면 이 꿈에서 분석할 수 있는 것은 여기까지다.

반복 강박의 꿈은 현실에서 불안을 회피함으로 해결되지 않을 때 나타난다. 불안은 심적 고통을 가져오기 때문에 불안이 생기면 회피하고 싶은 마음이 발생한다. 그러나 불안은 형체가 있는 것이 아닌 무형의 정서이기 때문에 회피가 불가능하다. 그래서 불안에 대한 회피 반응은 불안을 축소시키지 않고 오히려 불안을 가중시킨다.

회피 반응은 점점 다양해지고 불안이 회피 작용을 통해 분산되면 불안의 원인은 잊혀진다. 그러면 불안을 제거하기가 더 어려워진다. 불안은 회피를 통해서가 아니라 직면을 통해서 포획할 수 있다. 사랑하는 관계에서 불안은 피할 수 없는 과정이다. 관계에서 불안이 발생했을 때 지속적인 회피를 통해 불안을 해결하다 보면 불안의 실제 원인은 잊히고 만다. 회피를 순간적으로 해결할 수는 있지만 이러한 방식으로는 병을 더욱 키우게 된다. 불안이 발생하면 그 불안을 알아차리고 불안의 실체를 확인하고 직면하는 것이 관계에 더 이롭다.

10

불안은
욕망을 향한다

…사랑은 죽음 같이 강하고
질투는 스올 같이 잔인하며
불길 같이 일어나나니 그 기세가
여호와의 불과 같으니라(8:6).

악몽에 시달리는 술람미에게 다가온 아비가일 덕분에 술람미는 나아마를 만나기로 마음먹었다. 가만히 생각해 보면 나아마는 사라나 아엘라처럼 술람미에게 적대감을 드러낸 적이 없었다. 술람미는 자기가 잘못 해석했을 수도 있다고 생각했다. 사라는 힘으로 짓눌렀고, 아엘라는 감정적으로 적대감을 드러냈지만 나아마는 언제나 친절하고 친근하게 말을 걸어 주었다. 술람미는 자기가 솔로몬에게 화가 난 마음을 나아마에게 덮어씌운 것일 수도 있겠다는 생각을 했다. 나아마의 잘못이 있다면 솔로몬의 사랑을 받은 것뿐이었다. 술람미는 미안한 마음으로 아비가일의 안내를 받아 나아마의 방을 찾았다. 술람미가 나아마의 방으로 들어가자 나아마는 여전히 친근한 미소를 보이며 술람미를 맞아 주었다.

"기다리고 있었어요."

술람미는 나아마가 따뜻하게 맞아 주자 오히려 당황하며 머리를 숙였다.

"제가 많이 부족한 모습을 보였는데, 이렇게 따뜻하게

맞이해 주셔서 감사해요."

나아마는 술람미를 의자에 앉히며 따뜻하게 미소 지었다.

"제가 이곳에 처음 왔을 때는 왕비들이 지금처럼 많지 않았죠. 저는 왕가의 사람이었고 제가 상대해야 할 왕비의 수가 몇 안 되었는데도 정말 끔찍할 만큼 힘들었어요. 술람미님이 얼마나 힘들지 조금은 이해할 수 있어요."

술람미는 나아마의 말이 진심이라고 확신했다. 그리고 마음을 열기로 결심했다.

"그렇게 따뜻하게 말씀해 주시니 더 부끄러워집니다."

나아마는 무작정 술람미의 편을 들어 주는 것도 아니었다. 나아마는 아엘라의 마음도 함께 헤아려 주었다.

"아엘라님도 술람미님만큼이나 어려운 마음일 겁니다. 시간이 지나고 예루살렘에 적응하면 아엘라님도 안정을 찾을 겁니다. 너그럽게 받아 주서요."

"네, 나아마님이 저를 받아 주신 것처럼 저도 아엘라님을 받아들일게요."

"한 가지, 분명히 알려 드리고 싶은 게 있어요."

"뭐든지 들을 각오를 하고 왔어요."

"이 예루살렘 성에서 왕이 가장 사랑하는 사람은 술람미님이에요."

나아마가 왕이 술람미를 가장 사랑한다고 말해 주자 술람미는 안도감이 밀려왔다. 사실이 아니라도 믿고 싶었다. 그러자 술람미는 마음에 있는 말을 모두 털어놓고 싶었다.

"그렇게까지 말씀하시지 않아도 괜찮아요. 기대하고 있지 않아요. 그냥 좀 질투가 났던 거 같아요. 왕께서 나아마님을 정말 많이 사랑하시는 거 같아서…"

말을 하면서 술람미는 자신의 못난 행동이 질투에 기인하고 있었다는 사실을 알아차렸다. 그리고 나아마에게 더 많이 미안해지면서 그녀를 더욱 의지하게 되었다.

"많이 아껴 주시죠. 저는 왕과 같은 부류의 사람이거든요. 지혜롭고 정의롭지만 자비롭지는 않지요."

"무슨 말씀을요. 저에게 하신 것을 보면 자비로우신데요."

"저는 왕의 명령을 수행하고 있을 뿐이에요. 왕께서 술람미님을 사랑하시니까요. 제게 술람미님을 보살피라고 하셔서 그리할 뿐입니다."

"네?"

술람미는 나아마가 단지 명령 때문에 자신에게 잘해 주고 있다고 말한 것이 믿기지 않았다. 나아마는 친절한 미소를 띠면서도 술람미로서는 이해할 수 없는 사실적인 화법으로 술람미에게 상황을 이해시켰다.

"술람미님이 왕과 등지는 사람이 되면 저와도 바로 적이 됩니다. 그러나 술람미님은 왕과 등지실 분이 아니죠. 어떤 상황에도요. 상황과 관계없이 사람을 사랑하실 분이지요. 하지만 저는 상황을 사랑합니다. 왕도 저와 같아요. 왕이 늘 저와 같은 생각을 하셔서 저를 잘 아세요. 그래서 저를 특별히 아껴 주시지만 사랑하는 건 술람미님뿐입니

불안은 욕망을 향한다

다. 술람미님이 사랑으로 왕을 보시듯, 왕도 술람미님을 사랑으로 보시지요. 오직 술람미님만을요. 이걸 잊지 마세요. 그분의 사랑을 받으시고 그분의 사랑을 만족시키세요. 그렇게 할 수 있는 건 술람미님뿐이에요."

술람미는 나아마의 입에서 나온 말에 온전히 설득당했다. 그러면서 이해되지 않았다. 어떻게 이처럼 있는 그대로 사실만을 전달할 수 있을까? 어떻게 이토록 감정을 섞지 않고 말할 수 있을까? 술람미는 나아마의 화법이 놀라웠다.

"정말 그렇다면 질투가 나지 않으세요?"

"질투가 나지요. 그러나 저에게 질투는 하찮은 감정일 뿐이에요. 그러나 술람미님께는 그렇지 않지요? 열심히 질투하시고 그분의 마음을 차지하세요."

술람미는 이렇게까지 자신을 지지하고 지원해 주는 나아마의 차갑도록 현실적인 지원이 이해가 가지 않았다. 나아마의 마음이 넓은 것인지, 무서운 것인지 헤아리기 어려웠다.

"어떻게… 그래요? 나아마님은 도대체 마음이 얼마나 넓으신 건가요?"

"왕의 마음은 술람미님이 차지하세요. 다만, 술람미님이 아이를 낳아도 이 나라는 나의 르호보암이 차지할 겁니다. 저는 이 나라면 됩니다. 우리는 서로 충분히 도울 수 있는 사이랍니다."

"그런 말을 그렇게 해도 괜찮아요? 다른 왕비들께도 그렇게 말하시나요?"

"말하지 않아도 알지요. 술람미님은 오신 지 얼마 안 되었기에 말씀드리는 거예요. 같은 편이고 싶거든요."

나아마를 만나고 방으로 돌아온 술람미는 생각이 많아졌다.

'내가 왕의 가장 사랑받는 자라고?'

포도원 일꾼 같은 삶을 살아온 술람미에게 왕의 가장 사랑받는 사람이 된다는 건 믿기 어려운 일이었다.

'그러면 나는 다른 왕비들에게 미움을 받아야 하는 것

일까? 나아마는 왕이 가장 아끼는 왕비인데 어떻게 저렇게 당당하지? 나도 나아마처럼 그녀들의 질투를 이겨 낼 수 있을까? 아니, 정말 내가 왕의 가장 사랑받는 왕비가 될 수 있을까? 왕이 진짜로 날 가장 사랑할까?'

술람미는 솔로몬과의 사랑을 묵상하느라 하루를 꼬박 보냈다. 그리고 심려로 가득하다가도 입꼬리가 실룩실룩 올라갈 만큼 기쁨에 가득 찬 생각을 반복했다.

'왕이 날 사랑하지 않는다 해도 난 사랑할 거야. 왕이 날 사랑하지 않는다 해도 날 사랑하게 만들 거야. 왕이 날 사랑하지 않는다 해도 왕이 날 가장 사랑하게 만들 거야. 왕이 가장 사랑하는 사람은 분명 나일 거야.'

술람미의 마음이 솔로몬에 대한 사랑으로 가득 찼을 때 아비가일이 찾아왔다.

"술람미님, 왕으로부터 전갈이 왔습니다. 왕께서 술람미님을 수넴으로 모시고 오라고 전하셨습니다. 예루살렘의 전통에서는 신랑의 집에서 혼인을 하지만 수넴의 전통에서는 신부의 집에서 혼인을 한다고 하여 수넴에서 먼저 혼인을 하고 다시 예루살렘으로 돌아와 혼인을 한다고 합니다."

"하지만 결혼 전까지는 신랑을 만날 수 없다고 들었습니다."

"예루살렘에서는 그렇지요. 수넴도 그런가요?"

"수넴은 그렇지 않아요."

"이번 결혼은 수넴에서 하니까요. 무슨 상관이에요? 게다가 왕께서 결정하신 일인데?"

갑자기 결혼이라니. 술람미는 원하는 일이었으면서도 갑자기 통보받은 일이라 당황스러웠다. 그러나 이런 갑작스러움과 당황스러움은 솔로몬을 곧 만날 수 있다는 기쁨에 모두 묻혔다.

"그러면 내가 곧 나의 사랑하는 님을 만날 수 있다는 건가요?"

"네, 오늘은 늦었으니 내일 날 밝는 대로 마차를 대령시키겠습니다."

"아니어요. 오늘, 지금 바로 출발할 겁니다."

"네? 곧 어두워질 텐데요."

"어둠이 두렵나요? 나의 사랑하는 님이 이 나라의 왕이 신데, 누가 우리를 두렵게 하겠어요. 당장 마차를 준비시 킬 수 있나요?"

"술람미님이 원하시면 그리할 수 있지요."

"그러면 바로 준비시켜 주세요."

　　사라진 술람미의 불안

불안은 생각을 왜곡시킨다. 그리고 상황을 편협하게 관찰하
도록 만든다. 술람미는 불안한 나머지 나아마를 오해하고
솔로몬에 대한 미움을 나아마에게 돌렸다. 불안에 휩싸여
있던 술람미는 아주 작은 생각의 변화, 솔로몬으로부터 사
랑받고 있다는, 혹은 사랑받을 수 있다는 생각의 변화만으
로 '가장 사랑받는 여인'이 되겠다는 욕망을 구성했고 결국
불안은 사라졌다.

　불안의 전치 현상은 손톱을 뜯는 등의 작은 습관으로 나
타나기도 하고, 우울이나 분노 등 다른 정서로 전환되기도
하며, 편집증이나 도착적 행동으로 나타나기도 한다. 하지
만 가장 은밀하게 변하는 전치 현상은 욕망으로의 전환이
다. 불안은 욕망을 구성함으로써 임시적으로 안정될 수 있
다. 불안은 목적 혹은 대상을 상실한 정서이기 때문에 욕망

을 구성함으로써 대상 혹은 목적을 설정한 것과 같은 효과를 만든다. 그러나 욕망은 손에 잡히지 않고, 잡고 나면 곧 허상인 것을 확인하게 만드는 마음의 역동이다. 욕망은 불안을 포획한 것처럼 보이지만 욕망의 연쇄가 끝나면 불안은 다시 거대하게 증폭된다.

불안과 욕망은 대상이 현실에 없다는 공통점이 있다. 불안은 앞으로 일어날 일에 대한 부정적 상상과 착각으로 인해 신경계가 목적 없이 역동하는 현상이다. 불안은 앞으로 일어날 일을 부정적으로 상상해서 현실의 실체인 신경계를 운동하게 만드는 현상이기 때문에 사실상 불안의 대상은 현실에 없다. 욕망을 구성하는 것은 불안에 대상을 만들어 주는 역할을 해서 임시적으로 불안을 잠재우는 것처럼 보인다. 그러나 실체가 없는 대상으로 인해 현실에서 신경계가 작동하기 때문에 대상을 만들어 주거나 대상을 바꾸는 방식으로는 불안을 잡을 수 없다. 불안을 해결하기 위해서는 신경계를 움직이게 만드는 근본 원인인 부정적 상상과 착각을 다뤄야 한다.

[그림 6] 불안과 욕망의 작동 원리

　욕망은 미래의 무엇을 이루기 위해 현재의 무엇을 움직이게 하는 심리 현상이다. 욕망도 불안처럼 미래에 있는 것을 위해 현재를 움직이는 구조이기 때문에 대상의 실체가 현실에는 없다. 그렇기 때문에 욕망으로 인한 만족이 아닌 만족에 대한 기대만 있을 뿐이다. 이는 실제 감정이라기보다 만족의 감정에 대한 기대이므로 실제 만족보다 미비하다. 그럼에도 불구하고 사람들은 현실에서 누릴 수 있는 실제 만족을 포기하고 미비하게 흘러나오는 만족에 대한 기대를 누리려고 한다. 왜냐하면 미래에 누리게 될 만족이 현재에 누리는 만족보다 더 클 것이라고 상상하고 착각하기 때문이다. 대상이 현실에 없으며 미래에 있을 것이라는 상상과 착각은 불안과 욕망과 공통점이 있다.

반대로 불안은 대상이 명확하지 않고 부정적이며 욕망은 대상이 명확하고 긍정적이라는 점에서 차이가 있다. 불안은 대상을 수시로 바꾸는 경향이 있다. 이를테면 직장에서 승진하지 못할 것이라는 부정적 상상으로 인해 불안하다가 승진하고 나면 다음에 주어지는 업무를 실패할 것이라는 부정적 상상으로 인해 불안해진다. 불안이 이미 마음에 자리 잡으면, 신경계가 불안정하게 역동하기 때문에 불안 자체를 완전히 해소할 때까지 미래적 대상을 바꾸며 부정적 상상을 가함으로써 불안을 유지한다. 그래서 불안은 대상이 명확하지 않다.

더불어 불안은 미래에 대한 부정적 해석 및 부정적 상상으로 인해 발생한다. 비판적 해석은 부정적 해석과 구분된다. 비판적 해석은 정확히 문제가 되는 지점을 분별해 내는 해석이라면 부정적 해석은 사실 여부와 상관없이 모든 정보를 부정적으로 해석하는 경우다. 욕망은 대상이 명확하다. 이를테면 의사가 되겠다거나 판매액 일천 만원을 달성하겠다는 등의 명확한 대상이 있다. 더불어 욕망은 불안과 반대로 미래를 긍정적으로 상상하고 해석한다. 미래를 부정적으로 상상하면 욕망은 구성되지 않고 좌절하여 불안이나 우울로 전환된다.

또한 불안은 직면하면 명료해지고 욕망은 직면하면 허망해진다는 점에서도 차이가 있다. 불안은 다가올 미래를 부정적으로 상상하기 때문에 다가오면 회피하는 경향이 있다. 그러나 회피하지 않고 직면하면 상황에 따라 마음의 상처를 입게 되는 경우가 발생하지만 상황 자체는 명료해져서 부정적 상상을 멈출 수 있다. 그러나 욕망은 욕망을 성취하지 못하면 좌절이 오고 성취한다 할지라도 욕망을 위해 쏟았던 에너지가 갈 길을 잃기 때문에 새로운 욕망을 다시 구성하지 못하면 허망함을 느낀다. 욕망은 대상이 명료하기 때문에 성취 이후에 유한한 만족감이 있지만 유한한 시간이 지나고 나면 욕망을 위해 쏟던 에너지를 지속시킨 대상을 또다시 필요로 한다.

불안과 욕망은 미래적이라는 의미에서 유사점이 있기에 불안을 만들던 부정적 정보들을 긍정적으로 전환시킴으로써 불안이 욕망으로 전환되는 경우가 있다. 치료의 관점에서 좋은 방향은 아니지만 자주 이러한 전환이 나타난다. 특히 사랑의 관계를 지속시키는 심리적 원리에서도 불안이 욕망으로 옮겨 가는 현상이 발생한다. 사랑의 관계에서 종종 불안이 긍정적 효과를 발휘하는데, 그 이유는 불안이 욕망을 구성하기 때문이다. 사랑의 관계에서 불안한 사람은 불

불안은 욕망을 향한다

안을 잠식시키기 위해 대상을 포기하거나 대상을 욕망한다. 사랑의 대상도 결국 타자이기 때문에 결코 잡을 수 없다. 이 사실을 인정하기 어렵기에 인간은 불안해지며 그 불안은 대상을 더욱 욕망하게 만든다. 이러한 원리로 불안은 대상을 점점 더 사랑하게 만든다. 그리고 거대해진 사랑이 끝나면 그동안 사랑에 전치했던 불안은 거대하게 증폭된다.

술람미는 금기와 방해, 특히 질투로 인해 솔로몬에 대한 의심이 생기면서 불안했다. 그러나 솔로몬에 대한 부정적 상상을 하던 술람미에게 나아마가 솔로몬이 술람미를 가장 사랑한다는 긍정적 정보를 전해 주자 술람미의 불안은 솔로몬을 향한 욕망으로 타올랐다. 거기에 더해 솔로몬이 예상치 못한 상황에서 술람미를 수넴으로 부르자 술람미의 마음은 걷잡을 수 없는 사랑의 욕망으로 넘쳐 났다.

3부

인간의 모든 소통은 기호를 통해서만 가능하다.
말, 행동, 표정, 문자는 모두 마음을 담은 기호다.
기호 없이 마음 자체를 보여 줄 수 있는 방법은 없다.
마음은 기호화한 만큼만 확인 가능하며 셈해질 수 있다.
수많은 문학 작품이 표현하지 않은,
기호화하지 않은 사랑의 위대함을 그려 낸다.
말하지 않아도 서로를 아는 사랑을
수준 높은 사랑으로 그리는 문학 작품들은
연인들에게 표현하지 않아도 아는 사랑을 꿈꾸게 한다.
그러나 이러한 아름다운 문학은 판타지에 가깝다.
기호화되지 않은 마음을 알 수 있는 능력이 인간에게 없기 때문이다.
사랑도 기호화된 만큼만 확인 가능하다.
기호화하지 않은 사랑은 결국 한 사람, 자기의 마음에만 존재한다.
공유하지 않은 것을 사랑이라고 주장하는 것은 아집이다.
사랑을 기호화하지 않겠다고 마음먹은 데서
이미 그 사람의 사랑의 양과 질이 얼마나 협소한지를 알 수 있다.
사랑한다면 최대한 그 마음을 표현해야 한다.
사랑하는 모든 마음에는 이름이 필요하다.

사 랑 에

이 름

붙 이 기

.

11

말해야
사랑이다

내 사랑 너는 어여쁘고도 어여쁘다.
너울 속에 있는 네 눈이 비둘기 같고
네 머리털은 길르앗 산 기슭에 누운
염소 떼 같구나(4:1).

술람미는 마차를 타고 수넴으로 달려갔다. 그리고 아버지의 집으로 들어갔다.

"왕이시여!"

술람미가 들어오자 어머니가 반갑게 맞이하며 술람미를 안아 주었다.

"고생이 많았지?"

술람미는 어서 솔로몬을 만나고 싶었다.

"나의 왕은 어디에 있나요?"

"잘 시간이니 아마도 침상에 계시지 않을까? 나도 이제 들어와서 확인하지 못했구나."

"손님방이요?"

"아니, 왕이 오셨는데, 어찌 손님방을 주었겠니? 우리 방을 드렸단다."

술람미는 어머니와 아버지의 방으로 들어갔다. 그러나

침상에는 아무도 없었다.

"어머니! 이곳에는 아무도 없어요."
"그러면 나가셨나보다. 수넴을 돌아보시겠다고는 했
어."
"그러면 저는 왕을 찾아볼게요."
"아니, 어디 계신 줄 알고. 돌아오시겠지."

술람미는 어머니의 만류를 뒤로하고 왕을 찾으러 거리
로 나갔다. 왕이 어디로 갔는지는 알 수 없었으나 그렇다
고 집에 가만히 앉아 있을 수도 없었다. 그저 거리와 큰길
을 찾아다녔다. 큰 거리를 다니다 보니 왕의 병사들이 보
였다. 왕의 병사들 주변에는 군중이 많았다. 술람미는 순
찰 중인 왕의 병사들을 붙잡고 물었다.

"나의 사랑하는 그분은 어디에 계신가요?"
"뭐요?"

한 병사가 술람미를 물끄러미 바라보았다.

"나의 사랑하는 그분을 찾고 있어요. 예루살렘에서 수넴까지 달려왔답니다. 나의 사랑하는 왕은 어디 있나요?"

"왕을 왜 찾는 거지?"

병사는 갑자기 왕의 행방을 묻는 여자를 이상히 여겼다. 그 병사가 순찰을 돌며 지키는 자리 건너편을 보니 솔로몬이 있었다. 솔로몬은 사람들에게 둘러싸여 환하게 웃고 있었다. 사람들은 위대한 왕 앞에서 머리를 조아리지도 않고 즐기는 모습이었다. 술람미는 반가운 나머지 솔로몬을 부르며 달려갔다.

"나의 사랑하는 솔로몬!"

그러자 병사는 술람미를 붙잡으며 솔로몬에게 난입하지 못하도록 막았다. 군중의 시선은 술람미를 향했고 솔로몬도 술람미를 보았다.

"술람미!"

솔로몬이 술람미를 보고 뛰어왔다. 술람미는 이전과 같

지 않게 용기가 났다.

'왕의 사랑을 받으리라. 왕이 가장 사랑하는 신부가 되리라.'

그리고 솔로몬에게 안기며 크게 외쳤다.

"나의 사랑하는 님을 만나려고 거리로 나왔어요. 순찰도는 병사들의 칼 앞에서도 두려움 없이 말했어요. '나의 사랑하는 님이 어디 있나요?' 그리고 제가 찾아냈어요."

솔로몬도 술람미의 얼굴을 가슴에 담으며 속삭여 주었다.

"내 사랑, 정말 예쁘다. 네 입술은 홍색 실 같고 네 뺨은 한 쪽의 석류 같아."

"그리고요? 또요?"

"나의 사랑, 너는 순전히 어여뻐서 아무 흠이 없어. 네 사랑이 어찌 그리 아름다운지, 네 사랑은 포도주보다 달고 네 향기는 레바논 향보다도 좋아."

"레바논의 향기가 그리 좋은가요? 저는 레바논에 가 본

적이 없어요."

"가 보자. 내 사랑. 레바논에 나와 함께 가자. 혼인하고 나면 함께 레바논으로 가자. 아마나의 꼭대기와 스닐과 헤르몬의 꼭대기까지 가 보자. 레바논의 사자굴과 표범산에서 온 천하를 내려다보자. 또 어디로 가고 싶으냐?"

"내 어머니의 집으로 가요. 내가 태어난 그 방으로 함께 가요. 어머니가 나를 잉태한 그 방으로 함께 가요. 함께 갈 때까지 손을 놓지 않을 거예요. 자, 어서요."

술람미는 솔로몬을 끌고 자신의 집을 향해 달려갔다. 어떤 병사도 술람미를 막아서지 못했다. 세상의 어떤 여인도 솔로몬을 이렇게 끌고 가지는 못했다. 솔로몬을 만나기 위해 몰려들었던 수넴 사람들은 수넴의 포도원을 관리하던 한 여인이 대왕 솔로몬의 팔을 질질 끌고 가는 믿을 수 없는 모습을 보고 흥겨운 수넴의 사랑 노래를 시작했다.

"여인 중에 어여쁜 자야, 너의 사랑하는 자가 어디로 갔는가? 너의 사랑하는 자가 어디에 있는가? 우리가 너와 함께 찾으리라."

그러자 술람미도 솔로몬을 끌고 가면서 화답했다.

"나는 나의 사랑하는 자에게 속하였고, 나의 사랑하는 자는 나에게 속하였네."

병사들은 문제가 생길까 뒷걸음질로 경계하며 왕을 지켰다. 그러나 왕을 질질 끌고 가는 술람미의 몸에는 손을 대지 못했다. 군중은 왕을 따라오면서 계속 노래했다.

"돌아오라, 술람미. 우리로 너를 보게 하라. 귀한 자의 딸아, 신을 신은 네 발이 어찌 그리 아름다운가. 네 넓적다리는 둥글어서 공교한 장색의 구슬 꿰미 같구나."

술람미가 솔로몬을 끌고 집에 도착했다. 그리고 군중을 향해 미소를 짓고는 솔로몬을 집 안으로 데리고 들어갔다. 군중은 술람미의 집 밖에서 계속 노래를 불렀다.

"목은 상아 망대 같구나. 머리는 갈멜산 같고 드리운 머리털은 자주 빛이 있으니 왕이 그 머리카락에 매이었구나."

술람미가 솔로몬을 끌고 집에 들어오자 술람미의 어머니와 아버지는 화들짝 놀라 머리를 조아렸다. 그러나 술람미는 아랑곳하지 않고 솔로몬을 침실로 끌고 갔다. 술람미는 수줍은 미소를 지으면서 목소리는 당당하게 대왕 솔로몬에게 말했다.

"자, 이제 확인해 보시어요. 제 가슴이 쌍둥이 사슴 같은지."

솔로몬은 가만히 문을 닫고 술람미의 입술에 자기 입술을 살짝 포개었다. 그리고 술람미의 몸의 향기를 맡으며 속삭였다.

"네 입술에서 꿀방울이 떨어진다. 네 혀 밑에는 꿀과 젖이 있고, 네 몸의 향기는 레바논의 향기 같아."

술람미는 솔로몬의 눈에 자신의 눈을 똑바로 포개며 물었다.

"그리고요? 또 그리고요?"

솔로몬은 술람미의 입술에 자신의 입술을 포개고 다시
속삭였다.

"네 입은 좋은 포도주 같고."

"입술 이야기는 했고요, 또요?"

"너는 정말 화창하다. 나를 즐겁게 해."

"대답을 하시어요. 또요?"

"네 유방은 종려나무 열매 같고, 포도송이 같고, 암사슴
의 쌍둥이 새끼 같아. 배꼽은 포도주를 가득히 부은 둥근
잔 같고, 허리는 백합화로 두른 밀단 같아."

술람미는 콧김을 내쉬기 시작했다. 솔로몬은 술람미의
콧김을 느꼈다.

"너의 콧김은 사과 냄새 같아."

"어찌 그리 말을 예쁘게 하셔요? 어찌 그리 세상의 모
든 예쁜 비유를 가지고 계셔요?"

"비유가 아니다. 내게는 그리 보이니…"

술람미와 솔로몬이 침실에 있는 동안 수넴의 사람들은

말해야 사랑이다

집으로 돌아가지 않고 술람미의 집에서 왕의 사랑을 지켜주었다. 병사들도 경계하기보다 왕의 사랑과 이스라엘의 미래를 축복했다.

마음 들여다보기 　**술람미와 솔로몬의 관계 회복**

불안은 기호화되지 않는 정서이기 때문에 기호화할수록 사
라진다. 사랑은 늘 신체적으로 그리고 정신적으로 에너지를
생성하기 때문에 기호화하지 않으면 불안이 된다. 기호화
는 말로도 가능하지만 선물, 봉사, 스킨쉽도 일종의 기호화
다. 술람미가 사랑을 끊임없이 기호화하는 작업이 시작되자
불안은 사라지고 사랑의 충만함이 남았다. 사랑은 에너지가
가장 강한 감정이기 때문에 기호화해서 사랑의 감정을 외
부로 흘려보내도 끊임없이 솟아난다. 자기가 사랑을 기호화
하기 시작하면 대상도 사랑을 기호화한다. 감정의 기호화는
소통에 기반하기 때문에 일방향이 되기 어렵다. 그러나 만
약 기호화가 일방향에서 끝난다면 갈 길을 잃은 사랑의 기
호화는 불안이 되고 만다. 술람미는 자신의 마음을 기호화
하고 "그리고 또요?"라며 솔로몬으로부터 사랑의 기호화를

끌어내기도 했다. 사랑의 고대 시 아가는 술람미와 솔로몬의 상호적 사랑의 기호화로 가득 차 있다. 그만큼 독자들에게 전달되는 사랑의 느낌도 충만하다.

사람이 글이나 말을 통해 전달하지 않고도, 마음을 알 수 있는 방법이 있을까? 표정, 행동 등을 통해 추측하는 것이 고작일 것이다. 이러한 추측은 말 그대로 추측이기 때문에 부정적으로 전환될 수도 있다. 전달하고자 하는 목적대로 전달되지 못하고 다른 해석을 낳을 수도 있다. 그래서 의도성을 가지고 기호화하지 않으면 오해가 발생하는 것이다. "표정만 보면 알아"라는 말이나 "그걸 말해야 알아?"라는 식의 말은 사실 거짓말이거나 불가능을 요구하는 것이다.

모든 마음은 기호화한 만큼, 표현한 만큼만 알 수 있다. 사랑의 관계에서 표현이 중요한 이유다. '메라비언의 법칙'은 말의 내용이 끼치는 영향이 7%밖에 안 된다는 놀라운 연구 결과를 보여 주었다. 메라비언의 법칙에 의하면, 말의 내용이 7%, 표정이 35%, 자세가 20%, 목소리가 38%를 차지한다고 한다. 그래서 메라비언의 법칙을 근거로 마음을 말로 표현하지 않는 것에 대한 타당성을 주장하는 경우가 종종 있다. 그러나 소통에 있어서 말보다 기타 조건들이 더 중요하다고 주장하는 사람에게 말을 7%만 사용하고 기타 조건들로만 소통을 해 보라고 제안을 해 본다면 그 주장이 얼마나 치우친 주장인지 알 수 있다. 더군다나 이 메라비언의 법칙은 "첫 대면 시 상대의 이미지를 결정짓는 요소"라는 조건에 한정되는 법칙이다. 그러니 이미 오래 만난 사랑하는 사이에서 어떻게 소통할까를 고민할 때 메라비언의 법칙을 적용할 수는 없다. 게다가 이 법칙을 만든 메라비언도 "이 법칙은 어디까지나 감정과 태도에 한정된 것이고 말로 나타내지 못하는 표현이 말보다 중요하다고 결정할 수는 없다"고 말했다. 이 연구 결과를 논할 때 다른 조건들도 활용해야 더 긍정적이라는 의미로 받아들여야지 다른 조건들의 %가 더 높기 때문에 말 자체가 필요 없다는 의미로 이해해선 안 된다.

그러면 열심히 표현하면 마음을 모두 알 수 있을까? 이 질문에 대답하기 전에 먼저 대답해야 할 질문은 "마음을 얼마나 표현할 수 있을까?"이다. 사람마다 정도가 다르겠지만 마음을 온전히 표현할 수 있는 사람은 드물다. 마음은 완전히 기호화될 수 없기 때문이다. 지식은 기호로 이루어져 있고 지식만으로는 마음을 온전히 알 수 없다. 사랑의 관계에서 표현에만 기반하여 함부로 사랑의 대상을 판단하거나 셈할 수 없는 이유다.

이와 관련해서 라캉은 다음과 같은 담화의 구조를 만들었다.

$$행위자 \rightarrow 타자$$
$$진리 \quad // \quad 생산$$

행위자는 타자에게 기호를 전달하지만 행위자의 진리가 타자에게 전달되는 것은 무능력하다. 무능력한 기호를 전달받은 타자가 생산한 것은 행위자의 진리와 같을 수 없다. 행위자의 진리와 타자가 전달받은 기호를 토대로 생산한 결과물이 일치하는 것은 불가능하다.

그렇기 때문에 사랑은 최대한 표현해야 한다. 최대한 표현해도 정확히 알기 어려운 것이 사람의 마음이기 때문에 표현에 온 힘을 다하지 않으면 더욱 알기 어렵다. 마음이 현상으로 드러나지 않으면 사랑은 유지되기 어렵다.

사랑의 기호화에는 세 가지 종류가 있다. ① 대상에 대한 나의 감상, ②나의 내적 상태의 표현, ③상호 관계에 나타나는 사건에 대한 표현. 먼저 '눈이 예쁘다'는 등의 사랑의 대상에 대한 나의 감상적 표현은 '상대가 나를 어떻게 생각할지'에 대한 상상과 착각을 차단하고 정확한 정보를 제공함으로써 안도감을 주며 사랑의 대상으로서의 인정 욕구를 채워 준다. '사랑한다'는 등의 자기의 내적 상태의 표현은 사랑의 관계를 유지하게 하고 신뢰를 확보한다. 인간관계는 오직 둘만을 위한 것이 아니기 때문에 내적 상태의 표현을 지속해 주는 것이 다양한 인간관계 속에서 둘의 관계가 특별하다는 것을 확인하게 해 준다. 또한 '고맙다, 미안하다' 등의 상호 관계에 나타나는 사건에 대한 표현이 지속되어야 사랑을 유지할 수 있다. 서로에 대한 생각과 관계없이 수시로 발생하는 상호 관계의 사건들에 대해 어떻게 받아들이고, 어떻게 해석하는지에 따라 '감정'이 발생하고 각 사건에 따라 발생한 감정들은 대상에 대한 인식에 변화를 준다. 그렇기 때문에 상호 관계에 따른 각 사건에서 발생한 감정들을 기호화하여 사건별로 잘 처리하거나 정리하지 않으면 상상과 착각이 관계에 개입할 수 있다.

더불어 표현된 것 이면의 상태는 표현된 것만으로 섣부르게 판단하지 말고 상대에게 물어봄으로써 대상의 내면을 기호로 끌어내야 한다. 그리고 질문을 받은 대상은 최대한 질문에 대한 자기 내면의 상태를 기호화하기 위해 노력해야 한다. 마음의 기호화는 타고나는 능력이 아니라 숙련하는 것이다. 그래서 "나는 원래 표현 못해"라는 말은 처음 관계에서는 통할 수 있는 변명이지만 지속되기 어려운 변명이기도 하다. 기호화해야 하는 대상이 대중이라면 기질적 문제일 수 있지만 사랑하는 대상이 한 명이라면 그것은 마음의 문제다. 마음을 기호로 하나씩 바꿔 가다 보면 둘 사이에서 통용되는 기호들이 형성되고 그 기호들이 둘 사이를 더욱 돈독하게 만들기도 한다. 필자는 극적 재미와 아가의 장면을 흥미롭게 활용하기 위해, 술람미가 솔로몬을 사랑하겠다는 욕망을 가짐으로써 적극적인 기호화를 하는 것으로 그렸지만 모든 사람이 이러한 적극적 기호화가 가능한 것은 아니다. 각자의 성향과 성격에 알맞게 마음을 기호화하는 연습이 필요하다.

12

사랑을 위해
현상의 이면을 본다

내가 햇볕에 쬐어서
거무스름할지라도 흘겨보지 말 것은
내 어머니의 아들들이 나에게 노하여
포도원지기로 삼았음이라…(1:6).

수넴 지역은 솔로몬 왕의 결혼식 준비로 한창이었다. 솔로몬의 결혼식을 지원하기 위해 예루살렘에서 수백 명의 인력이 동원되었다. 술람미는 어린 시절부터 함께 자란 여러 여인으로부터 축복을 받으며 신부가 입을 옷감을 고르고 있었다. 술람미가 직접 장으로 가서 골라도 되었겠지만 여인들이 시장에서 옷감을 구해 와서 술람미 앞에 늘어놓고 고를 수 있도록 배려해 주었다.

이 옷감 저 옷감을 술람미에게 골라 주던 친구들 중 한 명이 은빛이 나는 화려한 옷감을 술람미의 몸에 대 주었다. 술람미는 친구가 자기 몸에 대 준 은빛 옷감이 마음에 들어 미소를 지었다. 그런데 탈리야가 가만히 은빛 옷감을 술람미의 몸에서 떼 내었다.

"어머, 술람미를 놀리는 거니? 안 그래도 검게 탄 얼굴을 더 검게 보이라고? 은빛 옷감이 술람미에게 어울릴 거라고 생각해?"

탈리야는 어린 시절부터 아름답기로 소문난 수넴 여인이었다. 술람미는 탈리야 앞에 가면 눈동자가 흐려지고 시선을 회피하곤 했다. 탈리야의 등장이 술람미의 미소를 닫아 버렸다. 탈리야는 아름다운 은빛 옷을 입고 있었다. 하얀 얼굴과 은빛 옷이 어울려서 옷도 얼굴도 함께 빛나는 것 같았다. 술람미는 탈리야의 말이 맞다고 생각했다. 늘 입어 보고 싶었지만 술람미는 언제부터인가 하얀 옷들, 특히 은빛 옷은 입을 수가 없었다. 하얀 옷과 은빛 옷은 탈리야의 전유물이었다. 늘 하얀 옷을 입고 있는 탈리야를 보며 부러워할 뿐 술람미는 감히 하얀 옷을 입을 수 없었다. 어린 시절, 하얀 옷을 입은 술람미를 놀리기 시작한 것도 탈리야였다.

"그렇지. 옷감은 정말 예쁜데, 나한테 어울리는 것 같지는 않아. 좋은 옷감 골라 줘서 고마워."

술람미는 은빛 옷감을 정중하게 거절했지만 끝내 아쉬웠다. 솔로몬이 보낸 재단사들이 술람미가 고른 여러 색상의 옷감을 술람미의 몸에 알맞게 재단하기 위해 작업을 시작했다. 음식과 옷과 공연도 준비에 들어갔다. 솔로몬의 사랑을 확인했고, 고향에서 축복도 받았으며, 온 세상에서 가장 주목받는 결혼식도 앞두고 있었지만 술람미의 마음 한구석에는 기쁘지 않은 작은 구멍이 있었다.

사랑을 위해 현상의 이면을 본다

솔로몬은 수넴 지역의 전통에 따라 결혼식을 하루 앞두고 신랑과 술람미의 친구들과 함께 수넴의 아름다운 지경들을 둘러보았다. 술람미는 즐거워하다가도 문득 어두워졌다. 솔로몬은 간혹 나타나는 술람미의 표정이 거슬렸다.

탈리야는 술람미의 친구로서 왕의 행렬에 함께했다. 탈리야는 눈에 띄는 은빛 옷을 입고 아름다운 자태를 드러내며 왕의 앞에 나타나곤 했다. 술람미는 탈리야의 은빛 옷을 볼 때마다 탈리야의 자신 있는 자태와 표정에 마음이 억눌렸다. 그리고 부러운 마음까지 들어 표정이 어두워지곤 했다. 술람미의 어두운 표정이 반복되자 솔로몬은 이동하는 마차 안에서 술람미의 손을 잡았다.

"어디 불편한 곳이 있느냐?"

"아닙니다. 왕이야말로 불편하지 않으셔요? 누추한 저희 집이 궁처럼 편안하지 않으실 텐데."

"지금이야 이스라엘이 대국이 되어 전쟁할 일이 없지만, 예전에는 이스라엘에도 전쟁을 촉발하는 위기의 순간들이 많았다. 왕이라고 늘 편하게 머무르는 건 아니지. 천막에서 지내야 할 때도 수없이 많았으니까. 무엇보다 그대가 옆에 있는데 무엇이 불편할까."

"말씀만으로도 감사합니다. 왕이시여."

"그러나 그대는 문득문득 어두워져. 결혼식이 걱정되는 것이냐, 궁으로 가는 것이 걱정되는 것이냐."

"아닙니다. 아무 문제 없어요."

"그리 생각하기에는 그대의 근심이 자꾸 눈에 보이는구나."

"사실은 저도 가끔 어두워지는 마음이 있는데, 그것이 제가 생각하는 이유 때문인지는 확실하지 않습니다."

"확실하지 않더라도 말해 보라."

"그것이…."

"심려 말고 말하라."

"제가 얼굴이 검게 그을려 은빛 옷이 어울리지 않습니다. 그런데 한 번은 입어 보고 싶었답니다."

술람미는 마음에 있는 고민을 말하고 나니 부끄러웠다. 나라를 이끄는 왕 앞에서 한갓 옷 따위에 고민하고 있는 자신의 마음을 보이고 나니 자신이 너무 작게 느껴졌다. 그러나 솔로몬은 진심으로 깊이 공감해 주었다.

"으흠. 그건 정말 심각한 고민이겠구나."

사랑을 위해 현상의 이면을 본다

"그것이 심각한 고민이 됩니까?"

"그럼, 심각한 고민이고말고. 하고 싶은 것을 평생 한 번도 못해 본 것이 아니냐?"

"그렇지는 않습니다. 아주 어린 시절에는 입었답니다. 그런데 포도원 일을 하다 보니 어느새 제가 검게 그을었습니다. 그렇다 보니 언제부터인가 친구들이 놀려서…"

"그래, 그 고민은 이번 결혼식에서 풀어 버리자."

"아닙니다. 결혼식에는 아름답고 어울리는 옷을 입어야지요."

"세상에 은빛 옷이 바로 그대를 위해 있다는 것을 알게 될 것이다. 그대는 비록 검으나 아름답다."

결혼식 당일 솔로몬은 술람미에게 옷을 보내 주었다. 술람미는 옷을 손에 들고 망설였다. 옷은 은빛이었다. 술람미는 왕의 호의를 거절할 수가 없어서 은빛 옷을 입었다. 술람미의 어머니와 아버지는 술람미의 자태를 보고 흡족했다.

"예쁘다. 우리 술람미."

어머니의 칭찬에 술람미는 입을 삐죽였다. 어머니이기 때문에 한 말일 뿐이라고 생각했다. 술람미와 함께 자란 여인 중 한 명이 술람미의 집으로 뛰어들어 왔다.

"술람미, 세상에, 밖에 도착했어."

"왕이?"

"왕, 그렇지. 내가 보니까 연기가 치솟듯 올라오면서 한 거대한 무리가 이곳을 향해 달려오는 거야. 그런데 그 멀리서부터 장사꾼들이 올 때나 나던 몰약과 유향 냄새가 풍겨 오는 게 딱, 솔로몬이 탄 가마구나, 알 수 있겠더라고."

여인의 말이 끝나자 바로 은빛 갑옷을 입은 한 용사가 술람미의 집으로 들어왔다. 용사는 술람미 앞에 무릎을 꿇고 고개를 숙였다.

"왕비의 호위를 맡습니다."

술람미가 솔로몬이 보내 준 용사들의 호위를 받으며 집 밖으로 나오자 솔로몬이 준비시킨 은빛 마차와 마차를 호위하는 은빛 갑옷을 입은 육십 명의 용사가 대기하고 있었다. 예루살렘 성에서 치르는 결혼식이었으면 용사들이 굳이 마차를 호위하지 않았겠지만 수넴은 국경 지역이라 솔로몬의 결혼식 소식을 접한 타국의 용사들이 공격할 수도 있어서 용사들이 호위했다. 결혼식이 길어져서 어두워지면 있을 수도 있는 위험에 대비하기 위함이었다.

목적이야 호위였지만 은빛 갑옷을 입은 육십 용사와 은빛 마차 덕분에 솔로몬의 마차 행렬은 태양을 강하게 받는 신의 강림처럼 보였다. 마차의 기둥과 몸체는 은으로 덮였고 바닥은 금으로 덮였다. 마차를 열자 마차의 자리에는 보랏빛 깔개가 있었다. 마차 안에는 솔로몬 왕이 왕관을 쓰고 앉아 있었다. 술람미가 마차에 오르자 수넴 사람들의 환호와 함성이 터져 나왔다. 솔로몬과 술람미는 환호와 함성을 받으며 광장으로 향했다. 솔로몬은 술람미의 손을 잡고 자리에서 일어나 환호하는 사람들에게 손을 흔들며 화답했다. 술람미도 손을 흔들기 시작했다.

거대한 은빛 속에 홀로 검게 올라온 술람미의 그을린 피부는 유난히 눈에 띠며 아름답게 빛났다. 사람들의 시선은 술람미에게 집중되었다. 탈리야는 그날도 은빛 옷을 입고 혹시라도 솔로몬의 눈에 보일까 싶어 마차 옆을 지

나갔지만 거대한 은빛 물결에 묻혀서 마치 존재를 확인할 수 없이 흘러가는 한줄기의 바람처럼 지나쳐 갔다. 그리고 술람미만이 군중의 시선으로 부각되었다.

사랑을 위해 현상의 이면을 본다

은빛 마차와 갑옷을 준비한
솔로몬

아무리 사랑하는 사이라고 할지라도 기호화되지 않은 마음은 모두 추측할 뿐이다. 아무리 오래 함께했어도 기호화하지 않으면 추측 외에는 현상의 이면을 알 수 있는 방법이 없다. 현상의 이면을 현상에서 확인할 수 있는 것은 '평소와 다르다' 정도의 단서일 뿐이다. 현상의 이면을 함부로 판단하거나 추측하지 말고, 이런 단서가 보이면 그 지점에 대해서 물어보고 사랑의 대상이 기호화한 것을 통해 확인하는 것이 가장 좋다. 이렇게 확인하지 않으면 사랑의 대상의 '평소와 다른 상태'가 바로 앞에 있는 '자기' 때문이라고 '상상 혹은 착각'하기 마련이다. 혹은 '평소와 같지 않은 상태'는 사랑의 대상이 아니라 바로 자기일 수도 있다. 이러한 상황들은 상호 간의 기호화를 통해서 확인해야 착각하지 않고 바른 상황에 직면할 수 있다.

술람미가 평소와 같지 않게 근심하는 것이 보이자 솔로몬은 술람미에게 어떤 근심이 있는지 물어보았다. 술람미가 계속 마음을 숨겼다면 현상의 이면은 솔로몬의 추측으로만 남아 있었겠지만 술람미가 마음을 기호화하여 다 말했기 때문에 솔로몬은 술람미의 근심을 함께 나눌 수 있었다.

글, 말, 표정, 행동을 포함하여 기호로 표현된 것이나 사건이나 상황을 통해 드러난 것을 '현상'이라고 한다. 마음은 완전히 현상화할 수 없다. 어쩌면 마음은 현상의 이면에 더 거대하게 자리할 수도 있다. 그러면 사랑의 대상의 마음, 즉 현상의 이면을 표현하지 않고 알 수 있는 방법은 없을까? 없다. 표현 없이 현상의 이면을 알 수 있는 방법은 없다. 그렇기 때문에 현상의 이면을 현상으로 끌어내야 마음을 알 수 있다. 그러면 어떻게 현상의 이면인 마음을 바깥으로 끌어낼 수 있을까?

마음이 현상화되지 않는 것은 금기와 억압이 있기 때문이다. 금기는 법과 규정 혹은 문화에 의해 해서는 안 될 것으로 규정된 것이고 억압은 개인적 타자나 과거 사건에 의해 현상화할 수 없게 된 것이다. 현상화되지 않는 것들은 타자에 의해 추측되거나 상상될 가능성이 높은데, 사랑의 대상이 현상화하지 않는 지점이 있으면 함부로 상상, 추측, 판단

사랑을 위해 현상의 이면을 본다

하는 것을 중지해야 한다. 사랑의 대상이 스스로 금지하거나 억압하고 있는 것을 오히려 수용 및 허용해 주고 현상화할 수 있도록 안전한 공간을 만들어 주어야 한다.

술람미는 이미 금기와 억압으로 인해 마음을 현상화할 수 없는 상황에 놓인 경험이 있었다. 아름다운 여인이 많은 수넴에서 자태를 뽐낼 수 없었던 술람미는 화려한 옷을 입기도 힘들었고 아름다운 옷을 입고 수넴 마을을 활보하기보다 포도원에서 농사를 짓는 일에 더 익숙했다. 누가 술람미에게 화려한 옷을 입지 말라고 금기를 세워 놓은 것은 아니었지만 오빠들과 친구들의 놀림으로 형성된 자아로 인해 술람미는 스스로 금기를 만들었다. 그래서 화려한 옷을 입은 술람미 대신 포도원에서 일하는 복장으로 열심히 땀 흘리며 일하는 술람미만이 현상으로 드러났다. 그러나 술람미의 마음에서는 화려한 옷을 입고 사람들 앞에 선보이고 싶은 마음이 늘 있었다. 현상으로 드러나지 않았을 뿐이다. 또한 솔로몬의 궁에서 포도원을 보고 싶었으나 사라의 금기로 인해 포도원에 갈 수 없었던 경험과 포도원에서의 여유를 만끽하고 싶었으나 아엘라의 방해로 인해 포도원에서의 선택을 즐길 수 없었던 경험도 있었다. 이러한 금기와 억압은 술람미로 하여금 숨게 만들고 입을 닫게 만들었다. 그래서 이러한 금기와 억압으로 인해 표현할 수 없었던 마음을 시중드는 여인들과 패션쇼를 하거나 바느질과 수다를 떠는 것으로 대체하곤 했다.

결혼을 앞둔 술람미에게 다시금 억압이 왔을 때 억압된 것을 행동이나 기호로 표현하지 못했으나 표정에 곧 드러나고 말았다. 솔로몬이 술람미의 억압된 표정을 읽어 주자 술람미는 그동안 드러내지 못하고 숨겨 온 억압된 것을 곧바로 기호화하여 무엇이 억압되었는지 표현했다. 사랑하는 관계는 다른 곳에서 표현하지 못하는 억압된 것을 기호화하여 표현할 수 있는 관계다. 억압된 것을 기호화한다고 하여 청자가 기호화된 화자의 모든 억압을 해결할 책임을 질 필요는 없다. 이 책에서는 솔로몬 왕이 술람미의 억압을 풀어 주는 서사가 나오지만 혹 이러한 극적 변화를 주지 않았을지라도 술람미가 솔로몬에게 억압된 것이 무엇인지 표현하고 솔로몬이 술람미의 말에 공감해 준 것만으로도 상당한 해소가 발생했을 것이다.

사랑을 위해 현상의 이면을 본다

13

됨의 사랑

나의 사랑하는 자가
내게 말하여 이르기를
나의 사랑, 내 어여쁜 자야
일어나서 함께 가자(2:10).

수넴에서의 결혼식 후에 술람미와 솔로몬의 마차는 백성의 환호를 받으며 예루살렘으로 입성했다. 술람미와 솔로몬은 예루살렘에서 두 번째 결혼식을 거행했다. 포도원을 가꾸며 평범한 일상을 살던 여인이 수넴 온 동네의 칭송을 받으며 왕과 결혼을 하고 이제 대국 이스라엘의 왕비로서 예루살렘에 입성하고 있다. 술람미는 수넴에서의 환호성만으로도 벅찬 마음에 시선 둘 곳을 찾지 못했다. 그런데 예루살렘에 입성할 때는 사람들의 얼굴이 아예 보이지 않을 정도로 거대한 인파가 그녀의 마차로 몰려들었다. 사람들은 솔로몬과 술람미의 이름을 부르며 환호했다. 술람미는 솔로몬과 자신이 하나가 된 것만 같았다. 마차 행진을 하며 솔로몬이 손을 흔들면 술람미도 따라서 손을 흔들었다. 솔로몬이 앉으면 술람미도 앉고, 솔로몬이 일어서면 술람미도 일어섰다. 술람미는 궁내 생활에 대해서 잘 몰랐지만 그저 솔로몬이 하는 대로 따라 했다. 그러면 사람들은 술람미에게 솔로몬과 동일한 대우를 해 주었다.

대제사장 사독의 인도로 결혼식이 거행되었다. 솔로몬과 술람미가 사독 앞에 엎드리자, 참여한 모든 사람이 함께 엎드렸다. 그리고 사독은 율법을 낭독했다. 수많은 율법이 낭독되었지만 술람미의 귀에 마지막 문장이 강하게 들어왔다.

"그의 아내와 합하여 둘이 한 몸을 이룰지로다."

한 몸. 술람미는 이 말에 가슴이 두근거렸다.

'솔로몬과 내가 한 몸이라니.'

술람미는 몸 둘 바를 모를 정도로 영광스러웠고 짜릿했다. 대제사장 사독은 술람미가 왕비가 되었음을 선언했고 백성은 더 크게 환호했다. 사독의 선언에 이어서 예루살렘 성에 연회가 벌어졌다. 술람미는 궁내의 왕가와 왕비들, 대신들과 함께 연회에 참여했다. 연회에서 대신들뿐 아니라 왕비 한 사람 한 사람을 소개받았다. 솔로몬은 수많은 왕비 중에서도 술람미 옆에서 함께했다. 술람미가 결혼식과 연회의 주인공이기 때문이었겠지만 술람미는 사람들의 주목을 특별하게 느끼고 있었다. 솔로몬이 옆에 있기 때문인지, 왕비가 되었기 때문인지 이전처럼 술람미를 함부로 대하는 사람은 없었다. 사라와 아엘라도 예의를 갖추어 인사했다. 나아마는 여전히 친근하게 술람미에게 인사했다.

"가장 화려한 결혼식과 연회인 거 같아요. 그만큼 왕께
서 아껴 주시는 거겠지요?"

나아마가 솔로몬에게 눈웃음을 치며 물어보았다. 정말
질문을 한 것인지, 질투를 하는 것인지, 술람미를 격려하
는 것인지 애매한 말이었다. 술람미는 솔로몬의 눈치를
보았다. 솔로몬은 술람미의 마음을 알아차렸는지 술람미
대신 대답해 주었다.

"그대가 말하였다. 나아마."

술람미는 솔로몬의 대답이 흡족했다. 술람미가 듣고 싶
은 대답이었다. 솔로몬의 대답으로 술람미는 이번 결혼식
이 가장 화려한 결혼식이며 솔로몬이 자신을 가장 아껴
주고 있다는 사실을 확인할 수 있었다.

'이분은 나의 마음을 잘 아시는구나.'

됨의 사랑

술람미는 솔로몬이 자신의 마음을 잘 알아주자 더 일치감을 느꼈다. 그리고 더욱 솔로몬 옆에 붙어 있으면서 솔로몬을 우러러보았다.

'이 분 옆에 있고 싶고, 이 분을 닮고 싶어.'

왕가의 궁내 예절이 익숙하지 않은 술람미는 솔로몬이 잔을 들면 그대로 따라 하고 솔로몬이 이동하면 따라서 이동했다. 솔로몬이 웃으면 따라 웃고, 솔로몬이 먹는 음식을 따라 먹었다. 솔로몬이 의견을 물으면 솔로몬의 의견에 그대로 동의했다. 모든 것에 있어서 솔로몬과 같았다.

연회가 끝나고 모든 사람이 돌아갔다. 일꾼들이 연회의 뒷정리를 하고 술람미와 솔로몬은 침실로 향했다. 침실을 정리하고 있던 시중드는 여인들이 술람미의 목욕물을 받아 주었다. 술람미는 목욕물에 몸을 담그고 하루를 상기하며 흡족해했다. 아름다운 자태의 술람미를 사랑스럽게 바라보던 솔로몬은 술람미의 손을 가만히 잡았다. 그리고 인자한 얼굴로 술람미에게 조심스럽게 말했다.

"내 사랑, 그대는 정말 어여쁘구나. 나의 사랑, 나의 술람미. 나는 그대가 자유로운 비둘기같이 그렇게 살았으면 좋겠어. 나처럼 하지 않아도 괜찮다. 나처럼 생각하지 않아도 괜찮고, 그대의 생각을 말해도 괜찮아."

술람미는 솔로몬처럼 되고 싶은 마음을 들킨 것 같았다. 하지만 자신을 밀어내는 것 같아 속상한 마음이 들었다. 배려해 주는 것이라는 걸 알았지만 그래도 술람미는 솔로몬과 일치되고 싶었다.

"하지만 저는 왕을 따라 하고 왕과 같아지는 게 좋은 걸요."

"하지만 그건 금방 지칠 거다. 나와 같아지는 건 그대가 아니니까."

"하지만 제가 왕과 같이 생각하고 왕과 같이 행동하지 않으면 제가 틀릴까 봐 무서워요."

"그대가 하는 일에 틀린 건 없다. 그대가 무얼 하든 그게 그대이니까. 나의 신부. 그대가 나의 마음을 빼앗았으니까, 그것으로 우리는 이미 하나다. 그대가 어떠하든 나는 그대를 사랑하고 나는 그대 안에 있으니까 두려워 말아. 자유로운 나의 비둘기."

됨의 사랑

술람미의 동일시

사랑을 처음 시작하는 연인은 서로를 닮기 원하는 '됨의 사랑'을 추구한다. 됨의 사랑은 둘 사이의 동일시가 많이 일어날수록 사랑이 깊어진다고 생각하는 유형의 사랑이다. 됨의 사랑은 '강박적 됨의 사랑'과 '히스테리적 됨의 사랑'으로 구분된다.

강박은 사회적 질서 혹은 자기보다 더 주도적이거나 강한 사람의 말에 자기를 맞추기 원하는 증상이다. 그래서 선을 지키거나 청소를 하는 행위처럼 일반적으로 좋다고 여겨지는 질서를 과도하게 지켜서 일상을 유지하기 어려운 모습을 보인다. 그래서 강박이 심해지면, 선을 지키지 못하거나 깨끗하지 못할 때, 다른 일을 할 수 없는 지경으로 진입하기도 한다. 혹은 사장이나 종교 지도자 등의 힘 있는 어떤 타자에게 자기를 맞추기 위해 다른 일상이 파괴되는 현상이 발생하기도 한다. 히스테리는 강박과 반대되는 에너지로서 타자가 자기를 욕망하기를 원하는 증상이다. 사람들의 관심을 원해서 옷을 과하게 입거나 과한 행동을 하기도 한다. 관심을 받지 못하면 짜증이 나거나 분노가 일기도 한다.

강박적인 됨의 사랑은 상대에게 자기를 맞추려고 노력하는 사랑의 형태다. 자기가 사랑의 상대와 다르다는 것을 발견하면 불안을 느끼며 상대의 취향, 생각, 행동, 습관들을 따라 한다. 히스테리적인 됨의 사랑은 상대가 자기에게 맞추기를 원하는 사랑의 형태다. 상대가 자기와 다른 취미나 생각을 가지고 있으면 견디지 못하고 자기와 같은 생각과 취미를 갖기를 요구한다. 강박적 됨의 사랑과 히스테리적 됨의 사랑은 하나로만 지속적으로 나타나기보다 상황과 사건에 따라 두 유형이 섞여서 나타나는데 어떤 사람에게는 강박적 경향이, 어떤 사람에게는 히스테리적 경향이 더 많이 나타난다. 이를테면 어떤 사람의 경우 취미는 강박적 경향으로 나타나지만 음식은 히스테리적 경향으로 나타난다. 이렇게 상황과 사건에 따라 섞여서 나타나는 것이 일반적이고 모든 부분에서 지나치게 한쪽 경향으로 치우치는 것이 오히려 관계를 힘들게 만든다.

술람미는 솔로몬을 닮고자 하는 강박적 동일시를 보였다.

"그의 아내와 합하여 둘이 한 몸을 이룰지로다"(창 2:24)라는 성경 말씀을 통해 동일시에 대한 인지적 근거까지 마련하여 솔로몬의 행동과 말을 그대로 따라 했다. 그리고 솔로몬과 동일시되는 것으로부터 만족감을 느꼈다. 이러한 강박적 됨의 사랑의 형태는 초기에는 만족감을 주지만 시간이 지나면서 자기를 점점 상실하며 주체성이 분열된다. 사랑을 시작할 때 상대방과 감정, 의견, 심지어 작은 습관까지도 동일시되고 싶은 욕망이 생기지만, 지속 가능한 사랑의 관계를 위해서는 서로의 차이를 발견하고 수용하는 과정이 필요하다.

솔로몬은 이를 알고 "하지만 그건 금방 지칠 거다. 나와 같아지는 건 그대가 아니니까"라며 술람미가 주체적으로 자기를 표현하기를 원했다. 이 책에서는 술람미에게 강박적 동일시가 나타나는 됨의 사랑을 그렸지만 히스테리적 동일시를 보이는 됨의 사랑도 자주 발생한다. 사랑의 대상이 자기와 모든 것에 있어서 일치하기를 원하는 히스테리적 됨의 사랑은 사랑의 대상에게 주체성을 제거할 것을 요구함으로써 관계를 악화시킨다.

라캉은 됨의 사랑이 상상적이라고 보았다. 됨의 사랑은 실재가 아니라 사랑의 대상이 자기와 동일화되었다고 착각하는 현상이다. 본질적으로 인간은 동일화될 수 없기 때문에 동일화되었다고 상상한 모든 착각은 관계가 깊어지면서 상대가 자기와 동일화된 적 없다는 사실에 언젠가 직면하고 만다. 직면한 뒤에는 착각의 꺼풀이 벗겨지고 자신이 속았음을 깨닫는다. 속인 것은 자신의 상상이지만 그 원망은 대상에게 돌아간다. 라캉은 이 원리를 "사랑이 거울에 투영되었다"고 표현한다. 곧 사랑의 대상을 통해 자기를 발견하고 동일시하는 현상을 됨의 사랑이라고 본 것이다. 그렇기 때문에 됨의 사랑은 사랑의 대상을 사랑하는 것이 아니라 자기를 사랑한 결과다.

됨의 사랑은 결국 자기애에 기반한 사랑이다. 사랑의 대상을 사랑하는 마음도 자기애의 투사적 작용으로 나타난 결과물이다. 이는 자기 생존적이며 자기애적 관계를 맺는 유아기적 사랑의 형태라고 볼 수 있다. 됨의 사랑은 주로 유아기에서 부모를 대상으로 나타나며 됨의 사랑을 통하여 아기는 부모를 흉내 냄으로써 자아를 형성해 간다. 이러한 자아 형성기를 지나면 자기 주체적으로 부모와 다른 자아를 재구성한다. 자기 주체적이 된다는 말은 타자성을 무시한다는 의미가 아니라 오히려 타자성을 인정한다는 의미다. 타자성이 인정이 되어야 자기 주체성이 확보된다. 타자와 자기의 구분이 있어야 타자를 향한 주체성이 나타날 수 있기 때문에 타자성에 대한 인정 없이는 자기 주체성도 확보되지 않는다. 자아 형성기는 결국 타자와 자기를 분화하는 과정이다. 그러나 자아 형성기가 지나서도 분화하지 못하고 됨의 사랑을 지속하고자 하면 주체성에 문제를 야기한다. 사랑도 초기에는 동일하길 원하는 속성을 갖는다. 나눠지지 않는 하나 됨의 욕망이 사랑에서 드러난다. 이 하나 됨의 욕망이 실현될 때의 쾌락이 작지 않기 때문에 사랑의 관계는 하나 됨을 추구한다. 그러나 하나 됨의 욕망은 충족되더라도 사라지지 않고, 오히려 충족됨으로써 증폭된다. 그렇기 때문에 하나 됨의 욕망은 충족될수록 더 완전히 하나 되고 싶은 욕망을 만들어 낸다.

그러나 이러한 동일시하는 사랑은 서로를 알아갈수록 실패할 수밖에 없다. 짧게는 십수 년, 길게는 수십 년씩을 다르게 살아온 두 사람이 완전히 하나가 되는 것은 불가능하기 때문이다. 결국 두 사람 사이에는 동일시되지 않는 요소가 발생하고, 그것은 사랑에 균열을 일으킨다. 이렇게 만들어진 균열은 일치를 원하는 됨의 사랑에 불안을 형성한다. 자기가 대상에게 일치하길 원하는 강박적 됨의 사랑과 대상이 자기에게 일치하길 원하는 히스테리적 됨의 사랑 모두 불가능한 완전을 추구하기 때문에 균열이 발생할 수밖에 없다.

14

가짐의 사랑

…나는 내 사랑하는 자에게
속하였도다(7:10).

술람미는 솔로몬의 배려로 궁내 생활에 주체적으로 적응할 수 있었다. 무엇보다도 다른 왕비들과의 관계가 궁내 생활에서 가장 중요한 요소였다. 나아마처럼 친근하게 다가오는 왕비도 있었고 아엘라처럼 적대적으로 대하는 왕비도 있었다. 술람미는 솔로몬의 지지와 나아마의 안내로 다른 왕비들 사이에서 잘 적응해 갔다.

그러다가 솔로몬과의 관계에 문제가 생기는 지점이 있었다. 그건 수넴과 아람 사이의 문제 때문이었다. 수넴은 이스라엘과 아람의 국경에 있는 지역이기 때문에 수넴 주민들은 이스라엘에 속했지만 아람의 눈치를 보지 않을 수 없었다. 아람은 무역과 경제 문제와 나라의 강성함에 있어서 이스라엘의 눈치를 보고 있었지만 군사력과 규모를 놓고 보았을 때 이스라엘이 무시할 수 없는 나라였다. 아람의 왕가는 아엘라를 솔로몬의 왕비로 보냄으로써 평화를 제안했고 이스라엘도 이를 수용한 상황이었다. 그런데 아람이 수넴 지역에 수시로 드나들며 수넴의 주민들을 괴롭혔고 수넴의 자원을 착취하는 일이 빈번하게 발생했다. 술람미는 수넴의 가족과 친구들로부터 여러 차례 수넴의 어려운 상황을 듣게 되었다. 술람미는 솔로몬이 적극적으로 자신의 편에 서서 수넴을 보호하길 원했다. 그래서 넌

지시 솔로몬에게 수넴이 처한 어려움을 이야기했다. 그러나 솔로몬은 그 상황에 대하여 이렇다 할 조치를 취하지 않았다. 그런 와중에 아엘라가 술람미의 신경을 강하게 건드리는 사건이 발생했다.

솔로몬이 성전 완공을 축하하며 연회를 열었다. 성전 건축에 기여한 많은 나라의 왕가 손님들과 대신들, 왕비들이 참여했다. 술람미도 이제 궁전 생활에 어느 정도 적응을 해 솔로몬 없이도 연회를 즐겼다. 이 연회에는 아람의 왕가도 참여했다. 아엘라는 가족이 참여해서인지 더욱 기고만장했다. 여러 왕비를 찾아다니며 심기를 건드렸다. 그리고 술람미 앞에도 왔다.

"요즘, 수넴 소식은 듣고 있나요?"

술람미는 아엘라와 깊이 엮이고 싶지 않았다. 그러나 대놓고 피할 수도 없는 노릇이었다. 술람미가 대답을 하지 않자 아엘라는 비웃으며 하지 말았어야 할 말을 했다.

"제가 말했지요? 수넴이 어떻게 되는지 보자고."

술람미는 그동안 마음 깊은 곳에 아엘라가 의도적으로 수넴을 괴롭히는 것이 아닐까 하는 의심이 있었지만, 그저 의심이었기 때문에 확신할 수 없었다. 그런데 아엘라의 이 말로 그 의심이 확신이 되었다. 술람미는 모욕감과 동시에 분노를 느꼈다. 더불어 두려움도 느꼈다.

'어머니와 아버지를 궁으로 모셔야 할까? 정말로 수넴에서 부모님이 돌아가시기라도 하면 어쩌지?'

다행히 나아마가 술람미의 흔들림을 포착했다. 그리고 술람미와 아엘라 사이로 끼어들었다.

"아엘라님. 아람에서 성전 건축에 많은 도움을 주셨다지요?"

나아마는 술람미를 위해 끼어들었지만 아엘라는 오히려 나아마의 질문에 답변하며 술람미를 무시하는 태도를 보였다.

"아람에 백향목이 많으니까요. 이스라엘이 아람에 베

푼 은혜에 비하면 큰일도 아니에요. 나아마님이나 저나 아버지들이 다 하시는 거지요. 우리가 하는 게 있나요? 술 람미님은 아버지의 도움도 없는데 왕비 자리를 견고하게 지키시는 거 보면 정말 대단한 것 같아요."

아엘라는 술람미를 보고 웃으며 왕가의 이야기를 했다. 이런 이야기들이 오갈 때면 왕가의 여인이 아닌 술람미는 아무 말도 하지 못했다. 아엘라는 술람미가 왕가의 이야 기를 싫어한다는 걸 잘 알고 있었다. 그건 나아마도 알고 있는 부분이었다. 나아마가 술람미의 기분을 풀어 주기 위해서였는지 술람미에게 말을 건넸다.

"왕께서 연회 후에 수넴 지역을 돌아본다고 하시던데 술람미님도 함께하시나요?"

술람미가 대답도 하기 전에 아엘라가 끼어들었다.

"어머, 역시 나아마님은 정보가 빠르셔요. 왕께서 르호 보암과 일정들을 공유해서 흘러들어가는 건가요? 근데 제가 알기로는 왕은 두로에 가신다고 하던데, 아니었나

가짐의 사랑

요? 두로가 성전 건축에 가장 큰 공을 세웠으니까요.”

나아마는 아엘라가 끼어들자 불가피하게 대답하면서도 술람미의 표정을 살피며 솔로몬이 수넴에 들린다는 정보를 건네주었다.

“네. 두로로 가는 길에 수넴이 있으니까요. 왕께서는 수넴에 들를 계획이세요.”

나아마의 말을 들은 아엘라는 바로 솔로몬에게로 갔다. 술람미가 아엘라의 모습을 보며 입술을 굳게 닫고 있자 나아마가 술람미에게 말을 건넸다.

“아엘라는 아직 어리고 상황 파악을 잘 못하지요. 너무 마음 쓰지 마셔요.”

“아엘라님께는 마음이 쓰이지 않아요. 수넴에 계신 가족에게 마음이 쓰이는 거지요. 예전에 아엘라님이 아람을 이용해서 제 가족을 죽이겠다고 한 적이 있어요. 그냥 한 말이려니 했는데 요즘 진짜로 아람 사람들이 수넴을 약탈한다는 소문이 들려요. 그런데 방금 아엘라님이 그 사실을 잘 알고 있었고, 다시 한번 제 가족이 위험할 거라고 했어요."

"너무 심려 말아요. 왕께서 그렇게 두시지 않을 거예요."

"왕께는 이미 제가 말씀드려 봤어요. 하지만 뚜렷한 답은 없었어요."

연회가 끝나고 침소에서 술람미가 솔로몬을 마주했다. 술람미는 솔로몬에게 불만 가득한 표정으로 말했다.

"수넴이 위험해요."

솔로몬은 술람미에게 가만히 다가가 부드러운 음성으로 말했다.

"위험하지 않을 것이다."

술람미는 위로보다 단호하게 자신의 말을 부정하는 솔로몬이 야속했다. 그래서 수넴이 얼마나 위험한지 알려야 한다고 생각했다.

"하지만 이미 아람이 여러 차례 수넴을 약탈했어요. 왕의 심기를 위해 이 말씀은 안 드리려고 했는데, 아엘라가 아람을 통해서 제 가족을 죽이겠다고 했어요."

솔로몬은 술람미의 등에 손을 살포시 얹고 토닥이며 말했다.

"내가 이스라엘 왕좌에 오르고, 초반에 수차례 주변국과 전투가 있었지. 그러나 지금은 그 어떤 국가들도 왕비들을 보내며 화평하기를 원하지 이스라엘과 충돌하려고 들지 않는다. 변방의 나라들은 이스라엘과 화평한 나라들을 건드리는 것조차 두려워하지. 하물며 이스라엘 땅 수넴을 어찌한다? 그런 일은 일어나지 않는다."

솔로몬은 위로하려고 건넨 말이었지만 술람미는 자기 말이 부정당하는 것 같아서 수넴이 공격받는다고 계속 주장했다.

"나의 사랑하는 왕이시여. 그런데 그런 일이 일어나고 있습니다."

솔로몬은 이제 조금 우려스럽다는 듯이 술람미를 바라보며 술람미의 손을 잡고 물었다.

"나의 사랑하는 아내, 내 사랑. 설마 내가 그대를 아프게 할까? 설마 내가 그대에게 거짓을 말할까? 난 그대에게 숨기는 것이 없어. 그대가 원하는 것은 무엇이지?"

술람미는 기회다 싶어 명확하게 원하는 바를 말했다.

"아람이 수넴에 들어오지 못하게 해 주세요."

그러자 솔로몬은 잠시 작은 한숨을 쉬고 술람미의 표정을 살피며 대답했다.

"그건 그렇게 쉽지 않아. 나의 비둘기. 그건 수넴에게도 좋지 않다."

술람미는 솔로몬이 자기 말을 믿지 않는 것 같아 답답했다. 그래서 더 명확하고 명료하게 전달했다.

가짐의 사랑

"수넴이 위험해요."

솔로몬은 여러 국제 정세를 하나하나 설명할 수가 없었다. 그래서 많은 정보를 생략하고 확실한 결과를 전달했다.

"위험하지 않을 것이다."

술람미는 이제 화가 나기 시작했다. 솔로몬이 자기 말을 믿지도 않고 듣지도 않는다고 생각했다.

"하지만 이미 아람이…"

술람미는 감정이 올라와서 강하게 말하려다가 문득 왕과의 대화가 반복되고 있다는 사실을 깨달았다.

'어디서부터 반복되는 거지?'

솔로몬도 말이 반복되는 것을 알고 있었는지, 혹은 반복되도록 의도한 건지 알 수 없지만 술람미가 말을 멈추자 왜 멈추었는지 알고 있다는 듯 부드러운 음성으로 말을 이어 갔다.

"수넴의 상황에 관하여 그대와 내가 다른 생각을 가지고 있는 것 같아. 우리의 생각이 동일할 수는 없겠지. 나는 내 생각을 그대에게 강요할 생각은 없다. 그대도 그대의 생각을 내게 강요할 수는 없어. 수넴에는 나의 군사들이 있고, 그들은 적절한 역할을 하고 있다. 나는 수넴에 있는 나의 군사들을 믿는다. 그리고 수넴은 아람 상인들을 대상으로 상권이 형성되어 있어. 아람을 못 들어오게 하면 가장 큰 피해를 보는 것은 수넴 사람들이야. 7년 동안 성전 건축을 하면서 두로와 아람의 백향목이 수넴을 거쳐서 이곳 예루살렘까지 들어왔다. 그 과정에서 수넴은 상당히 부유해졌어. 노략질이 일어날 만큼 매우 부유해졌다. 수넴이 그대의 고향이라 특혜를 준 것이 아니라 수넴 사람들이 그만큼 잘해 주어서 부유해진 것이고 부유해지면 노략질은 자연히 늘어난다. 노략꾼들은 아람에도 있고 이스라엘에도 있지. 그 노략꾼들 모두가 아람 사람인 것은 확실한 사실인가?"

술람미는 솔로몬의 말에 생각 깊은 곳에서는 설득되었

가짐의 사랑

지만 감정 깊은 곳에서는 알 수 없는 오기가 생겼다.

"지금, 수넴 사람들이 수넴 사람들을 노략하기라고 한다는 말인가요? 그냥 내 말을 믿고 수넴의 경계를 강화하고 내 가족을 지켜 주면 안 되는 건가요? 다른 왕비들의 가족은 왕가라서 그렇게 예우를 해 주고 내 가족은 서민이라서 보호해 주지 않는 건가요?"

솔로몬은 술람미의 얼굴을 자기 가슴에 묻고 쓰다듬었다.

"나의 사랑, 나의 누이야. 내가 이미 그대 안에 있다. 그대가 슬프면 내가 슬프고 그대가 두려우면 나도 두려워. 그대도 내 안에 있는가? 우리는 마음으로 하나지만 정치적 견해로도 하나일 수는 없다. 우리 함께 가자. 수넴으로 함께 가고, 레바논과 두로와 아람에까지 함께 가자. 가서 보고 안심하렴. 수넴이 얼마나 잘 지켜지고 있는지, 얼마나 부유해지고 있는지. 부유해지는 속도를 경비 체제를 바꾸는 속도가 따라잡지 못한 것은 사실이다. 노략꾼들을 잡아들이겠다고 약속하지. 나는 다른 나라의 왕가들을 지킬 아무런 이유가 없다. 내 나라 백성을 지키지. 수넴과 아람에 마찰이 생긴다면 가차 없이 아람을 징벌하고 수넴을 지킬 것이다. 아람은 다른 나라고 수넴이 내 나라니까."

마음 들여다보기　솔로몬의 생각과 힘을
　　　　　　　　　자기 것으로 간주한 술람미

사랑하는 관계에서 됨의 사랑을 벗어나 서로의 다름을 인정
하더라도 상대의 어느 특정 부분을 소유하고자 하는 마음
이 생긴다. 서로 완전히 하나이길 원하는 됨의 사랑이 실패
하는 지점에서, 사랑의 대상에게 있는 어느 부분을 소유하
고자 하는 방식의 사랑이 나타난다. 한 부분을 소유하는 방
식의 사랑이 완전한 일치를 이루는 방식의 사랑보다 사랑
의 강도가 약하다고 느낄 수 있으나 프로이트를 비롯한 라
캉, 에리히 프롬과 같은 정신분석가들은 오히려 '가짐의 사
랑'이 됨의 사랑보다 더 성숙한 사랑의 방식이라고 본다. 일
치에 대한 지향보다 다름을 인정하는 사랑이 지속 가능성이
높기 때문이다. 가짐의 사랑은 공유의 속성을 의미하기도
하지만 상대가 자기와 공유하지 않는 것, 혹은 공유할 수 없
는 것도 갖고자 하는 마음을 의미하기도 한다.

가짐의 사랑은 '소유의 가짐, 욕망의 가짐, 결핍의 가짐'으로 나타난다. 이 세 가지 가짐의 사랑은 다시 강박적 형태와 히스테리적 형태로 구분된다.

'소유의 가짐'은 사랑하는 대상의 소유를 마치 자기 것처럼 여기거나 자기의 소유를 마치 사랑의 대상의 것처럼 여기는 종류의 사랑이다. 히스테리적 소유의 가짐은 사랑의 대상의 재물, 옷, 소지품, 시간 등을 자기 것인 양 사용하고 그래도 관계가 괜찮다는 것을 통해 사랑을 확인한다. 강박적 소유의 가짐은 자신의 소유를 사랑의 대상이 마음껏 사용하게 함으로써 자기가 상대를 얼마나 사랑하는지 확인시키는 방식으로 사랑의 관계를 유지한다.

'욕망의 가짐'은 사랑의 대상이 이루고자 하는 것을 자기가 이룸으로써 사랑을 표현하거나 자기가 이루고자 하는 것을 상대가 이루어 주는 방식으로 사랑을 확인한다. 히스테리적 욕망의 가짐은 자기의 욕망을 이루는 데 사랑의 대상이 같은 마음으로 도와주거나 혹은 자기가 이루지 못한 욕망을 사랑의 대상이 대신 이루는 것을 포함한다. 강박적 욕망의 가짐은 사랑의 대상의 욕망을 자기가 이루어 주기 위해 헌신하는 사랑의 형태다. 고시 공부를 하는 이성을 위해 헌신하는 사람의 전형이 이러한 경우다. 욕망의 가짐은 얽

혀서 혼재되는 경우도 있다. 자기가 이루지 못한 욕망을 자녀가 대신 이루기를 바라는 히스테리적 욕망의 가짐으로 시작하여 자녀의 욕망이 된 자기의 욕망을 위해 강박적으로 헌신하는 경우, 히스테리적 욕망의 가짐과 강박적 욕망의 가짐이 혼재되어 있는 형태다.

'결핍의 가짐'은 사랑하는 대상의 결핍을 자기가 떠안거나 자기의 결핍을 사랑하는 대상이 떠안도록 요구하는 형태다. 히스테리적 결핍의 가짐은 자기의 결핍을 사랑의 대상이 함께 나누기를 원하는 사랑이다. 그래서 지나치게 내향적인 사람이 외향적인 사람을 만나고, 지나치게 감성적인 사람이 이성적인 사람과 사랑하게 되는 것이다. 강박적 결핍의 가짐은 사랑하는 대상의 결핍을 채워 주는 데 에너지를 소모함으로써 기쁨을 누린다. 심한 경우 자기가 채워 줄 상대의 결핍을 지속적으로 찾으며 자기가 상대의 결핍을 채워 줄 수 없을 때 사랑이 식어 버리기도 한다.

가짐의 사랑	히스테리적 사랑	강박적 사랑
소유의 가짐	네 것 좀 쓸게. 괜찮지?	내 것이 네 것이야.
욕망의 가짐	이것도 못 도와줘?	넌 공부만 해. 내가 다 해 줄게.
결핍의 가짐	너 없으면 나 어쩔 뻔했어?	나 없으면 너 어쩔 뻔했나?

[그림 7]

라캉은 가짐의 사랑이 상징적인 것이라고 보았다. 대상의 소유, 결핍, 욕망을 내가 갖는 것 혹은 나의 소유, 결핍, 욕망을 대상이 갖는 것을 사랑의 상징이라고 여기는 것이다. 상징적인 것이기 때문에 상상처럼 완전한 허상은 아니지만 결국 상징일 뿐 실체가 아니다. 실체가 아닌 대상의 욕망, 결핍, 소유로 대상을 대체하고자 하기 때문에 만족은 오래갈 수 없다. 결국 내가 가진 대상의 소유, 욕망, 결핍이 대상 자체가 아니라는 사실에 직면하면 사랑이 허망해지고 만다. 혹은 상징이 반드시 실재를 그대로 표상하는 것은 아니기 때문에 상징과 실재 사이의 균열과 거리감을 사랑의 허망함으로 받아들이게 된다. 그렇기 때문에 가짐의 사랑을 통해 사랑을 유지하고자 하면 그 거리감을 느끼지 않기 위해 긴장감이 지속된다.

아람과 수넴 사이에 문제가 발생하자 술람미는 솔로몬에게 히스테리적 소유의 가짐 형태를 보였다. 술람미는 수넴에 대한 애정에 있어서 솔로몬이 술람미의 마음과 같기를 바랐다. 그리고 솔로몬의 힘을 술람미 자신의 의지대로 활용하고 싶었다. 그러나 솔로몬은 이스라엘 전체와 다른 왕비들의 나라를 고려하고 술람미보다 더 넓은 시각을 가져야 했기 때문에 수넴에 대해서 술람미와 동일한 시각을 가질 수 없었다. 그리고 솔로몬 자신의 힘을 술람미가 원하는 대로 사용할 수도 없었다. 이렇게 사랑하는 상대의 어느 부분을 자기의 소유인 것처럼 활용하고 싶어 하는 마음이 가짐의 사랑이다. 이러한 가짐의 사랑이 서로 허용 가능한 지점이면 긍정적으로 풀어 갈 수 있으나 서로 요구하는 지점이 일치하기 어려우면 분쟁이 발생할 수밖에 없다.

가짐의 사랑은 대상의 특정 습관, 생각, 재산, 취향 심지어 몸과 감정까지 공유하고 싶어 하는 마음으로 나타난다. 가짐의 사랑이 됨의 사랑보다는 상호 주체성을 확보할 수 있으나 완전히 주체적인 것이 아니기 때문에 관계의 충돌을 가져올 수 있다. 가짐의 사랑은 적절하게 활용하면 사랑에 긍정적 영향을 준다. 상대의 결핍을 적절히 채울 줄 알고 내 결핍을 드러내도 부끄럽지 않은 관계, 서로의 꿈을 함께 지원하고 이루어 가는 관계, 서로 가진 것을 나누고 아까워하지 않는 관계는 아름다운 사랑의 모습이다. 그러나 가짐의 사랑이 지나쳐서 강요 및 요구에 의해 상호 침입하게 되면 서로 지치게 되고 관계에 균열이 생긴다.

15

상호적 사랑

나는 내 사랑하는 자에게
속하였고 내 사랑하는 자는
내게 속하였으며…(6:3).

술람미는 솔로몬과 수넴을 돌아보고 정말 놀랍게 발전한 고향을 확인했다. 솔로몬의 입장에서 다시 생각해 보니 수넴을 지킨다는 생각으로 아람과의 교통을 단절하면 수넴뿐 아니라 이스라엘 전체의 경제적 손실을 감수해야 하는 구조였다. 빠른 속도로 발전하는 수넴에 맞춰서 수넴의 경비 및 행정 체계를 정비했기에 노략꾼들은 현저하게 줄어들었다. 이렇게 되기까지 적지 않은 수고와 시간이 소요되었다.

술람미는 솔로몬의 지혜가 언제나 놀랍도록 자기를 압도했던 것을 기억하며 솔로몬의 말에 무조건 동의하고 순종하기로 결정했다. 솔로몬이 어떤 말을 해도 반대 의견을 제시하지 않고 따랐다. 술람미는 수넴 사건을 겪으면서 다른 왕비들이 솔로몬의 말을 온전히 따르는 것에는 다 그만한 이유가 있다고 생각했다.

솔로몬은 성전을 완성하고 자신의 궁전을 건축하는 데 심혈을 기울이고 있었다. 술람미는 다른 왕비들로부터 솔로몬이 바로의 딸 사라를 위한 궁을 따로 짓는다는 말을 들었다. 왕비들은 심술난 어린아이처럼 불만을 토했다. 그러나 술람미는 아무런 말도 하지 않았다. 주변에 아무도 없을 때 시중드는 여인 아비가일이 술람미에게 투덜거렸다.

"왕께 정말 실망입니다. 아무리 애굽 왕가의 여인이라 해도 그렇지, 어찌 그 많은 왕비 중 딱 사라의 궁만을 따로 만들어 준답니까? 술람미님을 가장 사랑한다면서 말이에요. 술람미님이 슬쩍 말해 보지 않으시렵니까? 왕께서 술람미님을 사랑하시니 궁을 따로 주실지도 모르잖아요?"

"아니다. 왕께서 내 방에 가장 자주 오시니 그것으로 왕의 사랑은 확인되는 것이지."

술람미는 마음에 작은 불만이 있었으나 그 불만을 입 밖으로 내지는 않았다. 마음에 불만이 사라져서가 아니라 솔로몬에게 그럴 수밖에 없는 이유와 더 큰 계획이 있을 것이라는 믿음 때문이었다.

솔로몬이 술람미의 방에 들어온 어느 날 솔로몬이 술람미에게 물었다.

"나의 사랑하는 누이야"

솔로몬은 술람미를 누이라고 부르는 것을 즐겼다. 처음에는 어색했지만 술람미도 곧 익숙해졌고 그 호칭을 즐겼다.

"예. 말씀하셔요."

"내가 사라의 궁을 따로 주는 것에 대해서 왕비들 사이에 말이 많지?"

"예. 알고 계실 것이라 생각했습니다."

"그대는 어떻게 생각하는가?"

"왕께서 현명하게 판단하시리라 생각했습니다."

"다른 마음은 없는가? 질투라든가."

"예. 없습니다."

솔로몬은 술람미를 사랑스러우면서도 걱정스럽게 바라보았다.

"나의 사랑, 내가 그대를 얼마나 사랑하는지 그대는 알고 있지?"

"예. 알고 있습니다."

"그런데, 나는 모르겠어. 그대가 이전처럼 나를 사랑하는 것 같지가 않아."

술람미는 마음이 덜컹 내려앉았다. 술람미는 그 어느 때보다도 솔로몬을 사랑하고 신뢰하고 있었다. 그런데 솔로몬은 사랑받지 못한다고 느낀다니 의아했다.

"예? 그렇지 않습니다. 그 어느 때보다 왕을 사랑하고 존경합니다."

"요즘 그대를 대할 때면 마치 노예를 옆에 둔 것 같아."

"…"

술람미는 솔로몬의 말이 혼란스러울 뿐이었다. 무슨 말을 하려는지 이해하기 어려웠다. 그러나 솔로몬을 전적으로 신뢰하고 있었기에 무슨 말이든 들을 준비가 되어 있었다.

"노예와 자유인의 가장 큰 차이가 무엇일까?"

"노예는 재산을 소유하지 못하고 자유인은 재산을 소유할 수 있지요."

"아니, 노예는 의견이 없고, 자유인은 의견이 있지. 노예는 시키는 대로 하고 자유인은 원하는 것을 하지. 가장 큰 차이는 노예는 재미가 없어."

"네?"

"노예는 의견도 없고 시키는 대로만 하니까 함께하면 재미가 없어. 그대는 요즘 노예 같아. 그대가 없고 그냥 노예와 마주한 것 같아."

술람미는 그제야 솔로몬의 말이 이해가 되었다.

"아, 무슨 말씀이신지 알겠어요. 제 의견이 궁금하신 건가요?"

"자, 사라의 궁에 대해서 그대의 의견은 어떻지? 그대의 감정은 어떻고? 내가 그대를 찾는 이유는 그대가 술람미이기 때문이야. 솔로몬의 앵무새가 아니라."

솔로몬이 술람미에게 불만을 이야기했는데 술람미는 솔로몬의 말이 좋았다. 솔로몬은 존경보다 사랑을 원했다. 술람미는 솔로몬의 손을 꼬옥 잡고 눈을 솔로몬에게 맞췄다.

"저는 사라의 궁을 짓는 문제는 크게 거슬리지 않아요. 다만."

"다만?"

"노예들과 노역하는 백성이 너무 힘든 것 같아요. 성전은 벌써 다 지었는데 왕의 궁을 성전보다 크고 화려하게 지으니까, 노역하는 백성의 불만이 이만저만이 아니에요."

"그래. 그렇구나. 나의 사랑. 이제 그대가 내 앞에 있는 것 같아. 하지만 노역을 하며 그들은 돈을 받는데? 왜 불만일까? 오히려 일을 할 수 있으니 복되지 않은가? 노예들은… 말했듯이 노예들은 의견이 없어."

"네. 또한 왕의 의견을 신뢰하고 존중합니다. 제가 말씀드린 건 저의 의견이에요."

"그래. 역시 그대는 자비롭구나."

뜨거운 상호 주체적 사랑

술람미는 주체성을 모두 내려놓고 솔로몬에게 모든 것을 맞추려고 했으나 그러한 관계는 오히려 사랑을 식게 만들었다. 술람미와 솔로몬이 의견과 감정을 나누고 그 의견이 서로 달라도 수용해 주는 상황에서 더 큰 사랑이 생성되었다.

됨의 사랑이나 가짐의 사랑보다 더 성숙하게 나타나는 사랑이 '상호적 사랑'이다. 상호적 사랑은 격정적이지 않기 때문에 됨의 사랑이나 가짐의 사람보다 약한 사랑이라고 오해되기 쉽다. 그러나 '사랑의 대상이 나와 동일하지 않아도 괜찮다'는 결정을 내려야 하는 상호적 사랑은 사랑의 대상을 위해 자기의 욕망을 포기해야 하기 때문에 가장 큰 희생을 요하는 사랑이다. 많은 문학이 '어느 한쪽이 다른 한쪽을 위해 자기 욕망을 희생하는 구조의 이야기'를 그려 냄으로써 치우친 희생에 기반한 사랑의 위대함을 노래하곤 한다.

이러한 이야기가 사람들을 매료하는 이유는 자기 욕망을 포기하는 사랑의 희생을 더 선명하게 나타내기 때문이다. 그러나 현실에서는 '어느 한쪽의 포기만으로 가져오는 격정적 사랑 이야기'보다 서로에 대한 욕망을 포기하는 평온한 사랑의 이야기가 더 오래 지속되며 서로 행복할 수 있는 성숙한 사랑이다.

프로이트는 상호적 사랑을 개념만 있을 뿐 현실적으로는 불가능한 사랑이라고 보았다. 그래서 됨의 사랑과 가짐의 사랑에 대한 기술은 많았지만 상호적 사랑에 대해서는 미비하게 남겼다. 그러나 라캉은 상호적 사랑을 지향해야 할 사랑의 형태로 보고 이를 가장 중요하게 다뤘다.

라캉에 의하면 받지 못한 사랑은 반드시 되돌아온다. 일방적으로 주는 사랑이 위대해 보이지만 인간은 그렇게 성스럽지 못하다. 사랑을 주는 것은 받는 것을 전제로 하며, 일방적으로 주는 것처럼 보이는 사랑도 돌아오는 것이 있기 때문에, 혹은 만족하는 부분이 있기 때문에 주고 있는 것이다. 그래서 모든 종류의 사랑은 사랑을 주는 자에서 사랑을 받는 자로 전환하는 과정을 갖는다. 처음에는 어느 한쪽의 일방적인 사랑일 수 있다. 그러나 사랑은 전염된다. 전염은 모방의 형태를 취하기도 하지만 사랑받은 에너지를 자기화하여 되돌리는 방식으로, 전염을 상호 간에 반복적으로 지속하기도 한다. 이러한 상호적 사랑은 에너지의 방출이 없다. 둘 사이에서 에너지가 교환되기 때문이다. 됨의 사랑이나 가짐의 사랑은 어느 한쪽으로 에너지가 방출되기 마련이다. 그러나 상호적 사랑은 받은 에너지를 다시 돌려주는 방식을 취하기 때문에 에너지의 방출이 없거나 미비하다. 됨의 사랑과 가짐의 사랑이 상호적 사랑으로 발전 혹은 전환되지 않으면 '주도권 쟁탈'을 불러온다.

됨의 사랑과 가짐의 사랑은 강박적이든 히스테리적이든 어느 한쪽으로 힘이 쏠리는 현상을 가져오기 때문에 사랑의 주도권이 계산대에 오르게 된다. 주도권 쟁탈은 의식화되지 않는다 할지라도 관계에 작용한다. 처음에는 남자가 먼저 사랑을 시작하여 여자에게 주도권이 있어 보이지만 사랑이 되돌아가는 과정에서 주도권이 남자에게 넘어가는 경우가 발생한다. 이런 경우, 남자는 그동안 '주었던' 기억으로 '받는 것'을 자연스럽게 여긴다. 남녀가 바뀐 상황도 다르지 않다. 심지어 주도권 쟁탈을 의도적으로 하는 경우도 있다. 이렇듯 주도권 쟁탈을 의도적으로 하는 것을 교류 분석의 창시자 에릭 번Eric Berne은 심리 게임이라고 불렀다. 한 번 심리 게임이 시작되면 상호 간의 게임이 반복되며 주도권을 쟁탈하기 위해 상호 간에 상처를 남긴다. 이렇게 심리 게임이 반복되면 사랑은 선물이 아니라 정당한 것이 되고 사랑과 마찬가지로 증오도 정당화된다. 사랑과 증오의 양가감정으로 사랑하는 관계는 적극적으로 사랑하지도 떠나지도 못하는 관계가 된다.

가짐의 사랑도 균형 있게 조율하면 상호적 사랑 못지않게 기쁨을 유지할 수 있지만 균형이 깨지는 순간 주도권 쟁탈로 들어선다. 그러나 상호적 사랑은 대상을 주체적으로 인정함으로써 가짐과 됨에 대한 일체의 권한을 상호 간에 인정한다. 사랑하는 대상의 기호, 취미, 욕망, 결핍은 모두 그 사람의 것이다. 그것을 유지하고 바꾸는 것은 대상의 선택이지 자기의 선택이 아니다. 자기는 대상에게 요구할 수 있으나 그 요구를 수용할 것인지에 대한 결정은 대상의 몫이다. 그 결정이 사랑의 관계에 균열을 가져오거나 사랑하지 않는다는 증거가 되지 않는다.

라캉에 의하면 상호적 사랑은 대상의 실재를 실재 자체로 수용하는 것이다. 사랑의 대상을 있는 그대로 인정할 때 대상은 상상이나 상징이 아니라 실재로 자기 앞에 설 수 있다. 자기 마음에 들지 않는 요소가 있어서 수정을 강요하면, 사랑의 대상은 관계 유지를 위해 불가피하게 수정하겠지만,

강요에 의해 수정된 대상은 사실 대상 자체가 아니다.

만약 자기가 대상의 어느 부분을 수정하길 원한다면 요청할 수 있다. 그리고 대상은 그 요청에 응답하여 '주체적으로' 수정할 수 있다. 억압과 강요에 의한 수정과 주체적 선택을 통한 수정은 대상의 실재를 그대로 유지하느냐 혹은 거짓을 보여 주느냐의 중요한 문제가 된다. 여기서 중요한 것은 수정을 요청하는 부분이 관계에 영향을 주지 않는다는 상호적 신뢰가 필요하다. "이렇게 하지 않으면 당신과 나는 끝이야"라는 식의 요청은 상호적 사랑을 유지하기 어렵게 만든다. 이러한 방식의 요구는 언젠가 분명히 되돌아온다.

상호적 사랑을 위해 사랑의 대상의 실재에 직면하는 것은 대상의 결핍을 책임지거나 수정하는 것이 아니라, 사랑하는 대상의 결핍과 함께 존재하는 것이다. 대상은 그 결핍을 그대로 수정하지 않고 살아갈 수도 있다. 그 결핍이 그 사람을 지금까지 살아오게 만든 동력일 수도 있기 때문이다. 그 사람 안에서의 심리적 역동과 과거 서사 속에 그 결핍이 늘 존재하고 중요한 역할을 해 왔을 수도 있다. 그 결핍을 제거했을 때 오히려 그 사람은 주체성을 잃고 사랑의 힘을 상실할 수도 있다. 사랑의 대상의 실재에 직면한다는 건 그 사람을 소유하거나 그 사람이 되는 것이 아니라, 그 사람 자체와 함

께 새로운 서사를 만들어 간다는 의미다. 그렇게 사랑의 대
상의 서사에 자기가 추가됨으로써 그리고 자기의 서사에 사
랑의 대상이 추가됨으로써 결핍이 자연스러운 흐름에 따라
주체적으로 수정, 유지, 발전하도록 두는 것이 상호적 사랑
이다.

　사랑의 관계에서 한 사람이 주체성 없이 일방적으로 상대
가 원하는 반응만을 한다면, 그 사람은 상대가 진심으로 자
기의 감정과 말과 행동에 공감하고 동의하는지를 확인할 방
법이 없다. 사랑은 타자의 이해를 통해서 형성되기 때문에
일방적 반응만을 경험하는 상황에서는 사랑이 오히려 상실
된다. 의견과 감정은 상징으로 전달되는데, 서로의 상징이
다를지라도 인정할 수 있는 상호적 관계라면 오히려 사랑은
돈독해진다.

16

공감이
사랑이다

…예루살렘 딸들아
이는 내 사랑하는 자요
나의 친구로다(5:16).

솔로몬은 궁전을 건축하며 어려움에 빠졌다. 궁전을 짓는 것은 이스라엘에 여러 경제적 이익을 가져다주었다. 일 꾼들에게 일자리를 제공할 수 있었고, 주변 국가들의 특 산품들을 궁전 건축을 위해 들여오며, 그 대신 이스라엘 의 특산품들을 주변 국가들에게 팔아서 백성의 삶을 풍요 롭게 할 수 있었다. 이집트를 비롯한 강대국이 이스라엘 에 사신을 보냈다가 궁전과 성전을 보고 위압감을 느껴서 감히 건드릴 수 없는 나라로 보고하고, 오히려 우러러보 게 만드는 효과도 있었다. 성전과 궁전 건축은 솔로몬 개 인의 욕심만을 위한 것이 아니라 여러 정치 경제학적 수 였다. 그러나 백성의 불만이 높아지고 있다는 이야기가 지속하여 들려왔다. 백성을 위한 일이었으나 정작 백성의 지지와 멀어지게 만드는 결과를 초래했다. 솔로몬은 서서 히 지쳐 갔다. 그럴수록 그는 자비로운 술람미를 찾았다.

"술람미, 나의 누이."

술람미는 솔로몬이 지쳐 가는 것 같아 안쓰러웠다. 여전 히 위풍당당하고 위대한 왕이었으나 힘겨워 하는 모습은 한 명의 인간일 뿐이었다. 그렇다고 솔로몬이 하는 일에 대해 불만을 숨기고 마냥 동의하는 말만 할 수는 없었다.

"사람들은 나에 대해 뭐라 하는가?"

"지혜의 왕이요, 이스라엘의 주인이라 합니다."

"그대도 그리 생각하는가?"

"물론입니다."

"나의 사랑, 나의 어여쁜 사람. 내가 사랑을 받고 싶은
가보다."

"사랑을 받고 계십니다."

"온 백성으로부터 칭송을 받고 싶은가보다."

"칭송을 받고 계십니다."

"궁전을 건축하는 문제로 말들이 많다."

솔로몬이 궁전에 대한 문제를 꺼내자 술람미는 솔로몬
이 충언을 듣고 싶어 한다는 걸 알아챘다. 더불어 술람미
는 백성이 노역에 힘겨워 하는 것을 알고 있었고, 만일 가
능하다면 멈추고 싶었다. 그래서 넌지시 문제가 해결될
여지가 있는지 물었다.

"그래서, 돌이킬 수 있으십니까?"

"돌이킬 수 없다. 돌이켜서도 안 된다. 이 건축이 이스라엘을 세웠다. 우리에게 백향목을 팔려고 아람과 두로가 이스라엘을 지켜 주는 것이다. 우리가 백향목을 사오기 때문에 헷과 아람에게 병거와 각종 식료를 팔 수 있는 것이다. 시바로부터 성전과 궁전에 쓸 금과 보석을 사 오기 때문에 남방에 평화가 있는 것이다. 그래서 이스라엘은 시바에서 아람으로, 애굽에서 길리기아로 안전하게 지나갈 수 있는 중요한 다리 역할을 하는 것이다. 이스라엘이 부강한가? 아니다. 이 건축을 통해 사방의 적들을 아군으로 만들어 부강함의 허울을 유지하고 있는 것이다. 이스라엘에 무엇이 있는가?"

"솔로몬 왕이 있습니다."

"나는 선대왕 다윗처럼 칼을 들고 나가서 대적들을 죽이기보다 성전과 왕궁을 지어 모두를 살리고 있다."

솔로몬의 시대는 참으로 평화의 시대였다. 다윗이 칭송받고 있지만 다윗의 때에는 계속되는 전쟁으로 수많은 백성이 죽어 나갔다. 술람미도 솔로몬의 공적을 잘 알고 있는 터였다.

"알고 있습니다."

"백성도 아는가?"

"백성도 태평성대를 노래합니다."

"태평성대를 노래하고 솔로몬을 욕하는구나."

술람미는 비록 건축에 대한 견해가 솔로몬과 다르다 해
도 솔로몬의 편이었고 솔로몬을 지지했다. 자신의 의견과
상관없이 솔로몬을 지켜 주고 싶었다.

"나의 왕, 나의 님. 내가 왕의 성벽입니다."

"그대도 왕궁 건축을 반대하지 않았던가? 그대도 이 나
라를 걱정하기보다 저 노예를 더 걱정하지 않았던가?"

만약에 누군가 술람미에게 솔로몬과 노예 중 하나를 고
르라고 한다면 술람미는 당연히 뒤도 돌아보지 않고 솔로
몬을 골랐을 것이다. 설사 솔로몬이 노예가 된다 할지라
도 술람미는 솔로몬 옆에 있을 것이다. 그렇다고 노역하
는 자들에 대한 측은지심을 버리지도 않았다. 술람미는
이 두 마음을 솔로몬에게 전할 적절한 말을 생각했다.

"노예를 걱정했어도 왕의 마음이 선하심을 압니다. 왕으로 인해 이스라엘이 살았습니다. 왕이 이스라엘을 얼마나 사랑하시는지 압니다. 저를 사랑하시듯이 이스라엘을 사랑하십니다."

"그래, 그대가 나의 사랑이다. 그대 사랑은 도장 새기듯이 나의 마음에 새겨졌다. 사랑은 죽음처럼 강하고 타오르는 거센 불길 같구나."

"나의 사랑하는 솔로몬. 우리 함께 포도원을 보러 갈까요?"

"포도원은 내가 그대에게 주지 않았느냐?"

"왕께서 내게 주셨으니 왕의 것입니다. 또한 일꾼들의 것이기도 하지요."

"나의 자비로운 술람미. 백성이 너의 소리를 듣게 해야겠구나."

"자, 어서 오셔요. 노루처럼 오시고 어린 사슴처럼 오셔요."

동의하지 않아도
공감할 수 있는 사랑

술람미는 궁전을 짓기 위해 힘쓰는 일꾼들과 노예들에 대한 애처로운 마음도 가졌지만 솔로몬이 노역을 시킬 수밖에 없는 사정도 함께 이해했다. 솔로몬과 다른 의견을 가지고 있지만 솔로몬의 어려움과 공적에 공감하며 그의 노고를 치하했다. 의견이 다르다 할지라도 상대의 의견을 공감하고 격려함으로써 술람미는 평화로운 관계를 유지할 수 있었다.

의견이나 감정이 서로 다르면 싸우지 않을까? 동의되지 않을 때도 공감을 통해 사랑을 확인할 수 있다. 동의는 의견이 같은 것이다. 어떤 사안에 대해 같은 의견을 가지고 있거나 같은 반응을 보일 때, 또는 같은 입장에 처해질 때 동감을 가지게 된다. 동감은 공감과는 다른 의미다. 동감은 동의를 통해 얻는 정체적 감정으로 정체성과 자아를 형성하는 데 도움을 준다. 사람의 관계에서 동감 현상이 자주 일어나는 것은 두 사람의 사랑을 증진시키는 데 도움을 준다. 그러나 모든 사안에 동감하기는 쉽지 않다. 거짓으로 동감을 흉내 내는 것은 한계가 있어 끝내 동감이 아니었음이 밝혀지게 되고 그러한 '드러남'은 오히려 관계를 악화시킬 수도 있다. 이렇게 동감할 수 없는 경우에 공감의 방법을 사용할 수 있다. 어떤 사안에 대하여 같은 의견이 아니라 할지라도, 사랑의 대상의 입장에서 말을 하고 '그럴 수 있다'고 이해하는 표현을 하는 것이 사랑의 대상을 외롭지 않게 하는 방법이다. 이러한 공감의 자세가 사랑의 대상이 스스로 감춘 이면을 현상화할 수 있도록 도와준다.

실제로는 동의하지 않음에도 불구하고 사랑의 대상의 의견에 동의하는 것으로 사랑을 확인시키는 방식은 자기 주체에 치명적 손상을 남긴다. 대상의 요구에 지속적으로 응함으로써 자기 주체성은 사라지며 사랑의 대상과 일치하지 않는 곳에서는 사랑이 싹트지 않는다. 이것은 사랑의 관계가 아니라 고용과 의무의 관계가 된다. 사랑이 지속되다 보면 사랑의 대상이 자기에게 끊임없이 무언가를 요구한다고 느낀다. 그러나 면밀히 살펴보면 요구하는 것이 아니고 그냥 말하는 것일 때가 많다. 요구한다고 느끼는 이유는 사랑의 대상과 자기 의견이 일치해야 한다고 생각하기 때문이다. 만약 일치하지 않으면 이를 대립으로 여기는 것이다. 이러한 양자택일의 방식은 같은 편이거나 싸워야 하거나 둘 중 하나를 선택하게 만든다. 그러나 다른 의견을 가지고 있어도 공감함으로써 대립하지 않을 수 있다.

사람은 자아 개념으로 관계를 이해하는 것이 편하기 때문에 양자택일해야 한다고 생각한다. 자아는 자기 본연의 모습인 원초아와 타자로부터 형성된 초자아 사이에서, 둘의 관계를 조율하는 역할을 한다. 자아는 원초아를 선택할 것인가, 초자아를 선택할 것인가를 고민하는 데 익숙하다. 더군다나 자아는 타자로부터 영향을 받아 스스로 생각하는 자기상이기 때문에 상상의 영역이며 타자의 시선을 무시하기 어렵다. 그래서 자아 개념에서는 타자와 자기가 분리되지 않고 동의와 동감의 방식으로 반응한다. 그러나 상호적 사랑을 위해서는 주체 개념으로 관계를 이해해야 한다. 주체는 타자로부터 영향을 받지 않은 자기로, 타자를 향해 자기를 드러내는 경향을 보인다. 그래서 주체는 타자와 자기를 명확하게 구분하고 자기의 의견을 말할 수 있으며 타자의 감정을 읽어 줄 수 있다.

타자의 욕망대로 움직여 주지는 않지만 타자의 욕망을 인정하고 타자의 감정을 수용해 줄 수는 있다. 이렇듯 타자의 감정을 인정하고 수용해 줌으로써 감정을 읽어 준다. 감정을 비롯한 인간 내면의 무형의 정념은 보이지 않기 때문에 기호화하여 읽어 주는 것만으로도 의견에 동의하지 않지만 공감하는 것으로 이해될 수 있다. 이렇게 하면 다른 의견을 가지고 있다 할지라도 싸울 필요가 없고 관계를 유지할 수 있다. 물론 정서적 어려움에 처해 있거나 동의의 방식으로 정체성을 형성해 온 사람은 공감만으로 부족함을 느낄 수가 있다. 이는 일반적인 경우는 아니다.

술람미는 노역하는 자들에 대한 긍휼을 유지하면서도 솔로몬의 공로를 치하하며 솔로몬이 자신이 놓인 상황에서 최선을 다한 것을 읽어 주었다. 그리고 솔로몬의 이스라엘에 대한 사랑을 공감했다. 물론 솔로몬이 술람미에게 "왕이 이렇게 자비를 베풀었는데 불만을 품다니 백성이 은혜를 모른다"고 말하도록 강요했다면 술람미는 솔로몬의 강요를 그대로 수용해 주었을 것이다. 그런 경우, 솔로몬이 됨의 사랑을 고집하는 경우이기 때문에 당장의 대화를 상호적 사랑으로 공감하기는 어렵다. 그럼에도 불구하고 지속적인 공감적 반응은 관계에 변화를 가져온다. 한 번의 공감적 반응이 됨의 사랑에 몰입한 사랑의 대상을 단번에 바꿀 수 있는 것은 아니지만 지속적인 공감적 반응은 자연스럽게 긴 시간에 걸쳐

공감이 사랑이다

사랑의 대상에게도 흘러들어가 모델링 혹은 사랑의 에너지의 전달을 통해 변화를 가져온다.

에필로그

심리학과 정신분석학을 통해 사랑을 배우는 내내 이걸 미리 알았더라면 더 잘 사랑할 수 있었을 텐데, 라는 생각이 들곤 했다. 그리고 미숙했던 나의 사랑의 여정을 잘 참고 버텨 준 아내 이진숙에게 감사했다.

수많은 연애 상담 및 부부 상담을 진행하며 문제에 부딪히는 내담자들이 내가 경험한 것과 같은 고민을 가지고 있었다는 사실을 알았다. 그래서 사랑을 배우지 못한 사람들에게 사랑의 여정을 이야기하고 싶었다. 필자 개인의 사랑 이야기나 현대적 인물을 구상하여 보여 줄 수도 있었겠지만 이 책을 구상할 때 뜰힘의 최병인 편집장이 제안한 아가의 서사는 사랑의 여정을 담아내기에 매우 적절하고 매혹적이었다. 기획 단계에서는 필자가 남자이기 때문에 솔로몬의 시선으로 서사를 끌고 가려고 했다. 하지만 솔로몬이 아니라 술람미의 시선으로 서사를 끌고 간 이유는 필자의 정서적 움직임이 솔로몬보다 술람미에게 가까웠기 때문이다. 에 필로그를 통해 뇌와 신체에서 일어나는 사랑의 여정을 정리하며 이 책을 마무리하고자 한다.

사랑의 여정에서 가장 큰 장애는 불안이다. 그 불안은 직접적인 불안의 형태로 나타나기도 하지만 다른 모양으로 나타나기도 한다. 어떤 형태로든 사랑의 문제들의 중심에는 불안이 있다. 불안은 사람을 고통스럽게 한다. 그러나 불안이 없이는 사랑이 그처럼 뜨거울 수 없고, 관계의 위험을 감지할 수도 없다. 불안과 사랑은 상호 보완 관계에 있다. 다른 부정 감정도 마찬가지다. 쓸모없는 감정은 없다.

억울함이 없으면 권리를 상실하고 살아갈 가능성이 높다. 슬픔이 없으면 소중함을 느끼기 어렵다. 술람미에게 불안의 시기가 있었고, 그 불안은 매우 고통스러웠지만 그 불안이 없었다면 성숙한 사랑의 관계도 불가능했다. 술람미의 시선을 중심으로 구성하다 보니 이 책에서는 표현되지 않았지만 솔로몬도 불안의 과정이 있었을 수밖에 없다.

사랑의 관계에서 불안이 발생하는 이유는 사랑하고 싶은 욕구, 사랑받고 싶은 욕구가 있기 때문이다. 사랑하지 않으면 불안할 이유도 없다. 감정의 발생은 욕구와 관련한다. 감정은 욕구의 충족과 욕구의 좌절로 인해 발생한다. 욕구가 충족될 때는 기쁨, 애정, 인정과 같은 긍정 감정이 발생하고 욕구가 좌절될 때는 슬픔, 분노, 화, 서운함, 질투, 두려움, 불안 등의 부정 감정이 발생한다. 욕구가 충족되는 상황과 대상에 따라 긍정 감정의 종류가 달라진다. 마찬가지로 욕구가 좌절되는 상황과 대상에 따라 부정 감정의 종류도 달라진다. 불안의 고통에 휩싸이지 않기 위해 사랑의 욕구에서 자유로워진다면 그건 사랑이라고 정의하기 어렵다.

'욕망하는 것이 무엇인가? 욕구의 대상이 무엇인가?'에 대한 대답은 사랑의 대상을 명확하게 해 주고, 불안은 그 대답으로 나타난 '사랑의 대상'에 기인한다. 이 책에서 나아마의 역할은 사랑하지 않는 신뢰의 관계였다. 평안하고 더 깊은 수준의 사랑인 것처럼 보이지만 나아마의 목적은 솔로몬이 아니라 솔로몬의 나라였다. 그녀는 대상이 아닌 대상의 소유를 사랑했다. 이는 소유에 대한 사랑이지 대상에 대한 사랑은 아니다. 나아마와 솔로몬의 관계가 불안 없이 평온할 수 있었던 것은 서로 간에 소유를 중심으로 한 이해 관계라는 일종의 계약이 있었기 때문에 가능하다. 이 관계에서 나아마는 안정감을 갖기 때문에 이 양상이 더 좋아 보일 수 있다. 그러나 솔로몬의 소유가 흔들릴 때 나아마도 불안해질 것은 자명하다. 솔로몬의 소유가 사라졌을 때, 소유가 없이 대상만 남았을 때, 솔로몬에 대한 나아마의 진짜 사랑이 시작될 수도 있다. 아니면 대상을 버리거나.

감정에 직접적 영향을 주는 욕구의 충족이 타자와의 관계를 완전히 벗어나서 실현될 수는 없다. 감정은 분명히 관계의 역동에서 발생하기 때문에 모든 인간은 서로의 감정에 영향을 준다. 친절과 예절에 대한 잘못된 이해로 자기 감정이 타자의 시선의 노예가 되기도 하고, 자기 감정이 온전히 자기 것인 줄만 알고 타자의 시선을 단절시키기도 한다. 그러나 감정은 타자와 공유되고 영향을 주고받을 수밖에 없으며 상호 주체적으로 향유된다. 자기 감정은 타자의 노예가 되어서도 안 되고 나만의 소유가 될 수도 없다.

대상이 왕이라 해도 감정까지 지배할 수는 없다. 감정을 교류하려면 왕이라 할지라도 서로의 욕구에 귀를 기울여야 한다. 아가에는 이 지점이 잘 나타나 있다. 짝사랑도 대상이 존재한다는 의미에서 상호성을 갖는다. 짝사랑이 상호성을 고려하지 않으면 집착 혹은 스토킹과 같은 이상 행동으로 이어질 수밖에 없다. 감정은 대상의 행동에 의해 변형되기 때문에 감정은 개인 고유의 것이 아니다. 이를 간과하면 사랑의 여정은 고통의 연속일 것이다.

남녀의 사랑은 추상 개념이 아니라 신체에 남는 실재다.

아가에 신체적 표현들이 많은 것은 그 저자가 사랑을 잘 이해하고 있기 때문이다. 역사 속 인물은 어떠한지 모르겠으나, 이 책에서 솔로몬은 머리로 사랑하는 사람인 것처럼, 술람미는 가슴으로 사랑하는 사람인 것처럼 그려졌다. 감정은 머리에서 시작되는 것 같기도 하고 가슴에서 시작되는 것 같기도 하다. 가끔 정말 예민한 사람들은 손끝이나 눈에서 감정이 시작된다는 것을 감지하기도 한다. 그러나 사실 감정은 온몸에서 시작된다.

　아가에는 몸의 감각을 언어로 담아내는 표현들이 많다. 사랑을 표현하기 위해 몸의 감각을 표현하는 것은 불가피하다. 몸과 사랑은 뗄 수 없는 관계다. 몸의 관계를 차단한 플라토닉 사랑은 위대해 보이지만 가능한 사랑이 아니다. 눈으로 보고, 귀로 듣고, 대상의 체향을 맡는 것도 신체적 반응이기 때문이다. 이러한 신체적 반응이 없으면 대상 자체를 인식할 수 없다. 사랑을 느끼려면 먼저, 온몸의 감각sense이 외부를 감지해야 한다. 그 감각은 뇌로 흘러들어가 지각perception이 된다. 각 감각의 정보 단위였던 지각은 서로 종합되면서 통각opperception이 된다. 통각의 단계에서 그 시간에 흘러들어 온 정보만 종합되는 것이 아니라 과거의 정보와 감정도 종합된다. 그제야 사랑이라는 감정이 만들어진다. 모든 현재의 감정은 과거의 감정과 결코 떨어질 수 없다. 그래서 감정은 서사의 바탕에서만 발생한다. 솔로몬이 술람미를 처음 본 날 사랑하게 된 건, 솔로몬의 과거에 술람미를 사랑하게 할 만한 서사가 있었기 때문이다. 솔로몬이 술람미에게 첫눈에 반한 것 같지만 사실은 기나긴 서사의 결과물이다. 사랑이 서사의 결과물이라 할지라도 그 시작점은 신체적 반응, 곧 감각에 있다.

감각sense

사랑을 시작하기 위해서는 먼저 감각이 필요하다. 사람에게 들어오는 모든 정보는 오감에서 시작된다. 아직 두뇌가 외부 정보를 인지하지 못한 상황에서 눈, 귀, 혀, 코, 손끝, 혹은 온몸에 퍼져 있는 피부가 먼저 외부 정보를 감각한다. 사람이 외부를 만질 수 없다면, 외부를 볼 수 없다면, 냄새를 맡거나 맛을 볼 수 없다면, 바람 소리를 들을 수 없다면 뇌는 바람이 있는지 모른다. 음식이 있는지, 사람이 있는지, 누가 말하는지 모른다. 너무도 당연히 감각이 없으면 감정은 만들어지지 않는다. 술람미가 오빠의 어깨너머로 다가오는 솔로몬을 볼 수 없었다면, 솔로몬이 노루처럼 뛰어다니는 술람미를 볼 수 없었다면, 그리고 술람미의 향을 맡을 수 없었다면, 술람미가 솔로몬의 목소리를 듣지 않았다면, 사랑은 시작되지 않았다. 그러나 이 감각의 단계가 아직 감정은 아니다.

지각perception

그렇게 신체가 외부 정보를 감각하면 그 감각 정보는 신경계를 거쳐서 뇌로 흘러들어 간다. 신체가 감각한 정보가 뇌로 흘러들어 가면 그 정보는 지각이 된다. 그러나 아직 지식은 아니다. 지식은 종합된 지각이다.

　지각 단계에서는 독립된 감각이 뇌에 전달된다. 음식 냄새가 코로 들어가면 후각뇌가 냄새를 맡는다. 그러나 후각뇌는 그 음식이 어떻게 생겼는지 모른다. 눈이 음식을 바라보면 시각피질이 음식의 모양을 지각한다. 그러나 시각피질은 음식의 냄새를 모른다. 음악이 귀로 흘러들어 가면 횡측두회는 음악 소리를 지각한다. 그러나 횡측두회는 음식의 모양도 냄새도 모른다. 피부에 와닿는 수면 잠옷의 편안함을 체감각피질이 지각한다. 그러나 체감각피질은 음악도, 음식의 모양도, 냄새도 지각하지 못한다. 음식이 입으로 들어가면 대뇌피질의 미각 영역이 맛을 지각한다. 미각 영역은 잠옷의 편안함도, 음악도, 음식의 모양도, 냄새도 지각하지 못한다. 지각 상태에서는 향기와 보이는 것과 소리의 대상이 한 사람이라는 것을 연결시키지 못한다. 대상이 없기 때문에 아직도 감정은 만들어지지 않는다.

솔로몬의 코를 통해 들어간 술람미의 향기는 솔로몬의 후각뇌로 전달되었다. 술람미의 눈에 가득 찬 솔로몬의 얼굴이 술람미의 시각피질로 전달되고 술람미의 귀에 들린 솔로몬의 부드러운 음성이 술람미의 횡측두회로 전달되었다. 그러나 후각뇌와 시각피질과 횡측두회는 그 대상이 한 명이라는 것을 알지 못한다. 그러니까 지각 단계에서는 아직 대상을 정할 수 없으며 감정이 만들어지지 않는다.

통각apperception

지각된 정보들이 대뇌연변계의 편도체와 전두엽의 연합 영역에 도달하면 이 정보들은 종합된다. 이것을 통합된 지각, 통각이라고 한다. 두뇌의 영역에서 지각된 감각들이 종합되면 통각화되면서 감각의 대상을 일치시킨다. 여기서부터 감각은 감정이 된다. 곧 감정은 감각의 종합이 필요하다. 감정에 감각의 종합이 필요하다는 것은 감정에 대상이 필요하다는 것과 같은 의미다. 종합된 정보로서의 통각은 여러 정보에 우선순위를 정하거나 재조합한다. 정보들이 복잡해지기 때문에 암호화 혹은 기호화되어 뇌의 필요에 따라 여러 곳으로 흩어져 저장된다. 이때부터 이 정보들은 지식이 된다.

솔로몬의 후각뇌, 시각피질, 횡측두회를 통해 전달된 술람미의 향기, 얼굴, 목소리는 솔로몬의 편도체와 전두엽의 연합 영역에 도달하면서 정보들이 종합되어 이 모든 감각이 술람미 한 사람이라는 사실을 알게 한다. 이렇게 인간의 뇌에 '개념'이 생긴다. 이때 감정은 생기지만 아직 사랑이 만들어지지는 않는다.

사랑은 통각된 정보와 감정들이 과거의 서사와 융합되어야 비로소 가능해진다. 암호화와 기호화된 지식들은 상호 작용함으로써 해석이 가능해진다. 이렇게 통각을 통해 해석된 정보들이 기억이다. 이렇듯 기억은 해석의 결과물이다. 당연히 감정도 해석의 결과물이다.

해석된 결과물로서의 기억은 언제나 과거다. 뇌는 미래를 기억할 수 없다. 뇌는 현재를 기억하지 않는다. 기억되는 모든 것은 과거다. 뇌에 새로운 정보가 들어와 통각이 이루어지기 시작하면 과거의 기억으로 고정되어 있는 듯 보였던 해석의 결과물들이 강력하게 촉진되어 뇌에 새로 들어온 정보들을 향해 달려든다. 이마 안쪽 뇌의 신피질에서 새로 들어온 통각과 과거의 기억이 충돌하며 융합된다. 새로 들어온 모든 정보는 반드시 과거 기억의 영향을 받는다는 의미다. 과거 기억에 의해 영향을 받지 않는 새로운 정보란 존재하지 않는다. 뇌로 흘러든 새로운 정보는 그 어떤 것도 순수할 수 없으며 모두 과거에 의해 오염된다. 감정의 기억이 과도하거나 결핍되어 있다면 새로 들어온 정보들은 당연히 과거 감정에 의해 해석될 수밖에 없다. 누구도 같은 과거를 가지고 있을 수는 없고, 누구도 같은 상황에 동일한 해석을 가할 수 없으며, 누구도 객관적 감정이란 걸 가질 수 없다.

또한 새로 생긴 모든 감정은 과거 감정에 의해 오염된다. 곧 새로 생긴 감정은 과거에 해석된 서사와 융합된다. 이때부터 감정은 사랑이 될 수 있다. 감정이 사랑으로 전환하기 위해서는 과거 경험과의 융합이 필요하다. 그렇기 때문에 솔로몬이 시골 여성인 술람미를 사랑할 수 있었던 것이다.

사랑이란 현재의 감정이 과거의 서사와 융합되어 나타나는 것이기 때문에 현재 입장에서 보면 사랑에 대한 해석은 애매하고 모호하다. 그래서 완전히 셈해지지 않고 그런 만큼 불안해진다. 그러나 두 사람의 서사가 새로 만들어지면서 서로의 감정이 셈해질 수 있으면 불안은 사라지고 희락이 남는다. 서로의 감정과 서사를 셈하려는 노력이 없으면 불안은 사라지지 않고 지속된다. 그러다 불안에 지치게 되면 자기 해석만 남아 불만으로 변하고 만다. 사랑은 불안을 동반하는 어려움이 있고 서로의 감정을 셈하려는 많은 노력도 필요하지만, 그 과정을 거치고 나면 다른 경험으로는 만들 수 없는 희락과 치유적 서사를 만들 수 있다. 이러한 결과물은 과정의 어려움들을 모두 감당할 만큼 거대하고 위대하게 기억의 중심에 자리 잡는다. 사랑보다 위대한 가치들이 분명히 있겠지만 분명한 건 기억의 중심에는 어떤 형태든 사랑이 놓여 있다. 이 책을 읽는 모든 독자가 이 위대한 사랑의 여정을 잘 통과하길 바란다.

나는 왜 불안한 사랑을 하는가

1판 1쇄   인쇄 2023년 8월 30일
1판 1쇄   발행 2023년 8월 31일

지은이   권요셉

발행처   도서출판 뜰힘
발행인   최병인
편집   최병인
디자인   이차희
등록   2021년 9월 13일 제 2021-000037호
이메일   talkingworker@gmail.com
인스타그램 instagram.com/ddeulhim
페이스북   facebook.com/ddeulhim

ISBN 979-11-979243-3-0 (03200)

⌣

뜰힘은 아래를 향하는 힘에 반하여 위로 뜨려는 힘입니다.